501
Preguntas y Respuestas sobre
DINOSAURIOS

susaeta

SUMARIO

CAPÍTULO 6
CÓMO INVESTIGAN LOS PALEONTÓLOGOS

CAPÍTULO 7
LOS DINOSAURIOS EN LA FICCIÓN

DIARIO DE UN VIGILANTE DE DINOS

Tan inmensos como casas, o pequeños como lagartijas. Feroces carniceros y herbívoros acorazados. Señores del planeta durante casi 200 millones de años...

No hay duda, sólo hay unas criaturas tan apasionantes: los dinosaurios. A ti también te gustan, **¿verdad?** Desde que era muy pequeño me han encantado estos bichos, tanto que no paro de observarlos. Los dinosaurios tienen algo especial que hacen que todo el mundo quiera saber cosas sobre ellos... Y como cada día se producen nuevos descubrimientos, nunca dejamos de asombrarnos, nunca llegamos a saberlo todo y siempre hay algo más que nos sorprende de los dinosaurios. **¡Genial!**

Pero es difícil estudiarlos: hoy ya no quedan dinosaurios y de igual manera hubo un tiempo en que todavía no habían aparecido. Porque los dinosaurios pertenecen a una larga cadena evolutiva... **¡De acuerdo!** Son un eslabón particularmente grande de esa cadena, un eslabón con muchos dientes, largos cuellos y espinas en el lomo, pero aun así nunca hubieran existido si mucho, mucho antes, otros animales no hubieran dado pequeños pasos. Algunos de esos pasos incluso los dieron criaturas diminutas que ni siquiera eran animales. Otros ni tan siquiera tenían pies con los que dar esos pasos. Y créeme: fueron los pasos más importantes.

Imaginemos que la historia del mundo dura un día: 24 horas.

Los primeros seres vivos no aparecen hasta bien entrada la tarde y, mucho más tarde aún, aparece el hombre en el último segundo.

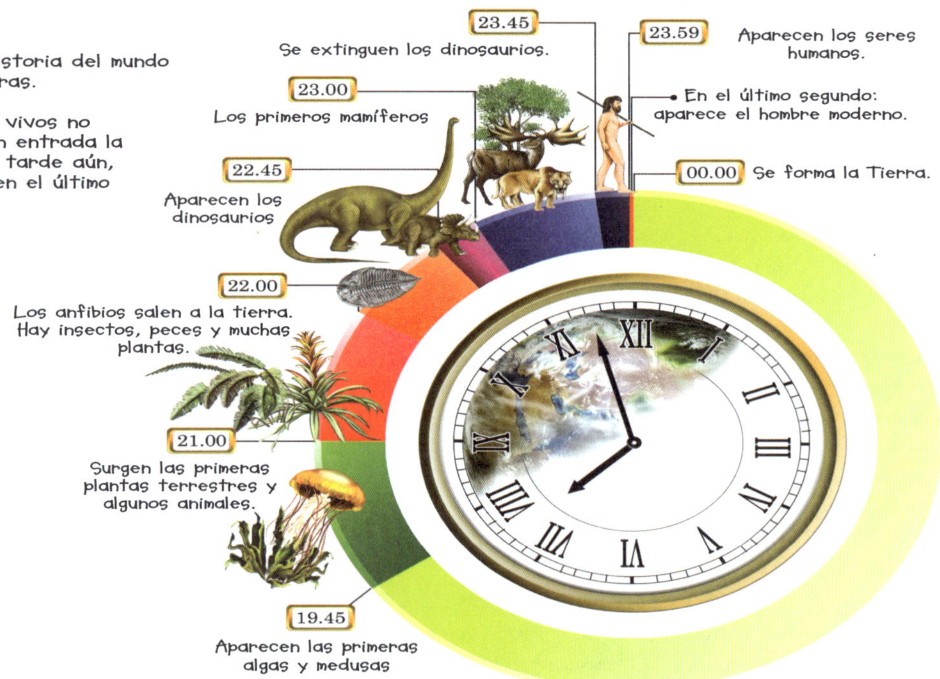

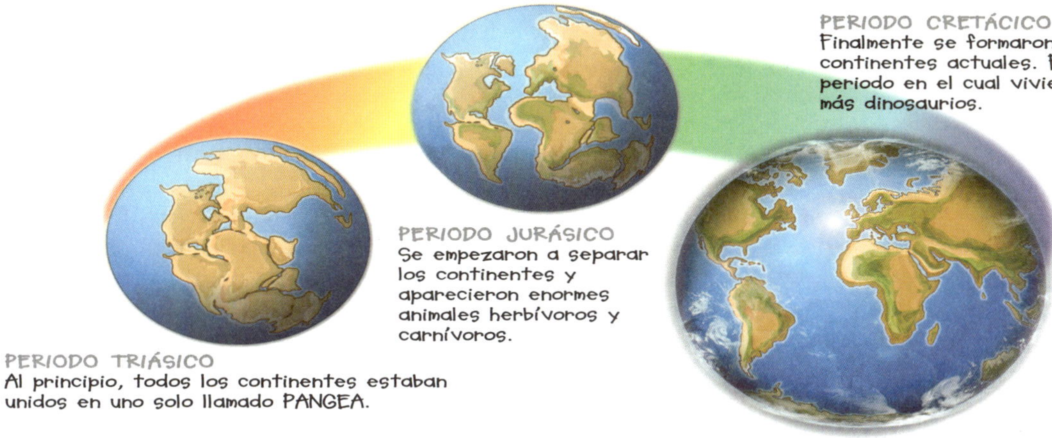

La verdad es que todavía nadie ha descubierto cómo comenzó la vida en la Tierra, pero hay diversas teorías: algunos creen que un cometa trajo la vida desde el espacio, otros opinan que la Tierra se las arregló sola para crear vida sin necesidad de influencias externas. Lo que sí sabemos es que hace 4.000 millones de años algunos átomos descubrieron la forma de existir gastando menos energía, es decir, cansándose menos: se unieron en cadenas, se convirtieron en azúcar (sí, sí, **¡azúcar!**) y más tarde la combinación de distintos azúcares creó el ADN. Se habían creado los genes.

Los genes de los seres vivos son los que tienen toda la información sobre cómo es ese ser vivo, son como el manual de instrucciones de la vida. Si un animal tiene trompa o boca, huesos o aletas, todo esa información está en los genes. Y con el tiempo, los genes de los animales pueden cambiar (eso es la evolución): por eso hoy hay tantos animales distintos. Pero en aquellos tiempos, hace 3.900 millones de años, una de esas cadenas de ADN se hizo tan compleja que pasó de ser una molécula a un microorganismo: imagínatelo, una especie de bacteria, el primer ser vivo de todo el planeta, viviendo en una sopa de ADN que llenaba los mares. Este microorganismo comía ADN, expulsaba los materiales que no necesitaba y estos volvían a la «sopa primigenia» cambiados. Empezaron a aparecer más bacterias distintas, y algunas comenzaron a comer, moverse o tocar lo que les rodeaba: les salieron una especie de manos, ojos, pies…

Hace 1.800 millones de años la vida había evolucionado, aunque no demasiado. Seguía siendo todo microscópico. Los seres vivos más habituales de aquellos tiempos eran los protozoos, que no eran ni animales ni plantas. De hecho, todavía no existían ni los animales ni las plantas, y tardarían 800 millones de años en existir: **¡evolucionar cuesta mucho!**

Hace 1.000 millones de años aparecieron las plantas: **¡por fin existía un ser vivo de más de una célula!** 100 millones de años después surgieron los antepasados de las esponjas que, por si no lo sabías, son animales. Y entonces sucedió algo terrible…

DIARIO DE UN VIGILANTE DE DINOS

Hace entre 750 y 580 millones de años, la Tierra sufrió la Era Glacial más brutal de toda la historia. La temperatura descendió muchísimo, tanto que incluso los mares se congelaron, y solamente en el trópico permanecieron las aguas en estado líquido. Cuando acabó el frío, parece que los seres vivos decidieron que valía la pena salir del agua y la evolución empezó a acelerarse. **¡Y de qué manera!** Las esponjas, las medusas (los primeros animales con neuronas), los gusanos y los abuelos de las arañas (un artrópodo llamado Precambridium) empezaron a campar a sus anchas, y en los cielos apareció la capa de ozono, que aseguró, desde entonces, un clima mucho más estable.

Eso era exactamente lo que le hacía falta a la vida para desarrollarse: condiciones estables. Que no hubiera variaciones muy grandes de temperatura, que más o menos cada sitio tuviera un clima similar. Los animales comenzaron a evolucionar de forma muy rápida probando nuevas posibilidades: en sólo 20 millones de años, los artrópodos, representados por una especie de escarabajos o moluscos llamados trilobites, se expandieron por todos los mares. Hace 530 millones de años un animal desconocido comenzó a explorar tierra firme en busca de nuevas presas, **¡y conservamos la huella que dejó!** Nos remontamos a hace 505 millones de años y empezamos a ver peces en los mares; saltamos 30 millones de años y las plantas también salen del agua: la atmósfera empieza a ganar oxígeno y permite que, hace 450 millones de años, los artrópodos evolucionen: aparecen los ciempiés, las arañas y los escorpiones.

Todo eso parece tan, tan remoto... Pasó mucho, mucho antes de los dinosaurios. Pero aún sobreviven algunos seres de aquella época, como el Celacanto, un pez de hace 400 millones de años, o algunos insectos, que también aparecieron por aquellos tiempos.

Cocodrilo primitivo

Los tiburones empiezan a cazar en los océanos hace 370 millones de años y pronto se convierten en los depredadores más abundantes del mar: las aletas de algunos peces empiezan a convertirse en patas para salir a tierra y huir de ellos. Tardarán casi 70 millones de años, cuando sus huevos estén preparados para desarrollarse en el suelo y no en el mar, pero finalmente, hace 3 millones de siglos, la vida empezará a decidirse por los continentes.

Apenas un salto más en el tiempo para desplazarnos a hace 256 millones de años: Diictodonte, Dicinodonte, Dinogorgon... Son los nombres de algunos de los primeros reptiles parecidos a los mamíferos, que convivieron junto a los arcosaurimorfos. Pero esto es ya otra historia, que deberá ser contada a continuación...

Diictodonte

¡Bienvenidos al mundo de los dinosaurios!

En las próximas páginas vamos a explorar su mundo: en el capítulo 1 veremos curiosidades generales, como cuál era el dinosaurio más grande o a qué se dedica un paleontólogo. En el capítulo 2 viajaremos en el tiempo hasta el Triásico, la era de los primeros dinosaurios, hace 250 millones de años. En el capítulo 3 caminaremos por el caluroso Jurásico, hace 190 millones de años: en este momento los mayores dinosaurios de la historia habitan la Tierra. En el capítulo 4, el del Cretácico, descubriremos los secretos de algunos de los dinosaurios más famosos: el Tiranosaurio, los Velocirraptores, el Tricerátops..., y el meteorito que acabó con todos ellos hace 65 millones de años. **¿O tal vez no fue un meteorito?**

En el capítulo 5 exploraremos el mundo en que vivían los dinosaurios: había muchos animales interesantes que convivían con ellos y que muchas veces confundimos con los dinos, desde el alado Pterodáctilo hasta el feroz Deinosuchus. El capítulo 6 lo hemos dedicado a los paleontólogos: iremos de excursión a desenterrar fósiles y conocerás los secretos de los mejores investigadores de la historia... **¡Y algunos de los errores monumentales que llegaron a cometer!** Y acabaremos este viaje en el capítulo 7, dedicado a los dinos en la ficción, con montones de curiosidades sobre las películas, los libros, los cómics y los videojuegos en los que han aparecido los increíbles dinosaurios.

¿AÚN ESTÁS AQUÍ?

Pasa la página y prepárate:
los dinosaurios te están esperando a lo largo
de 501 preguntas y respuestas...

Las primeras preguntas

1 Dino-Saurios

¿Por qué los dinosaurios se llaman dinosaurios?

El término *dinosaurio* viene de dos palabras griegas: DEINOS, que significa «terrible», y SAURA, que significa «lagarto» o «reptil». En griego antiguo los adjetivos se escribían antes que el sustantivo, así que dinosaurio significa «lagarto terrible».

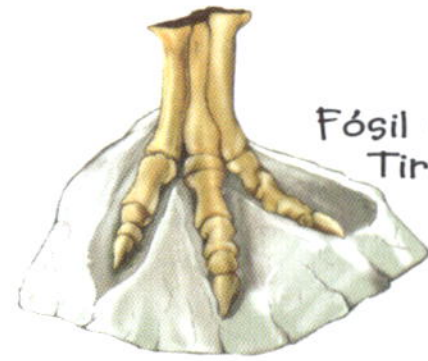

Fósil de garra de Tiranosaurio

2 El inventor de la palabra

El paleontólogo inglés RICHARD OWEN propuso en 1842 llamar DINOSAURIOS a ciertos reptiles enormes que habían sido descubiertos en Gran Bretaña. En aquellos tiempos se creía que los restos descubiertos eran trozos de animales que no habían podido subir al Arca de Noé.

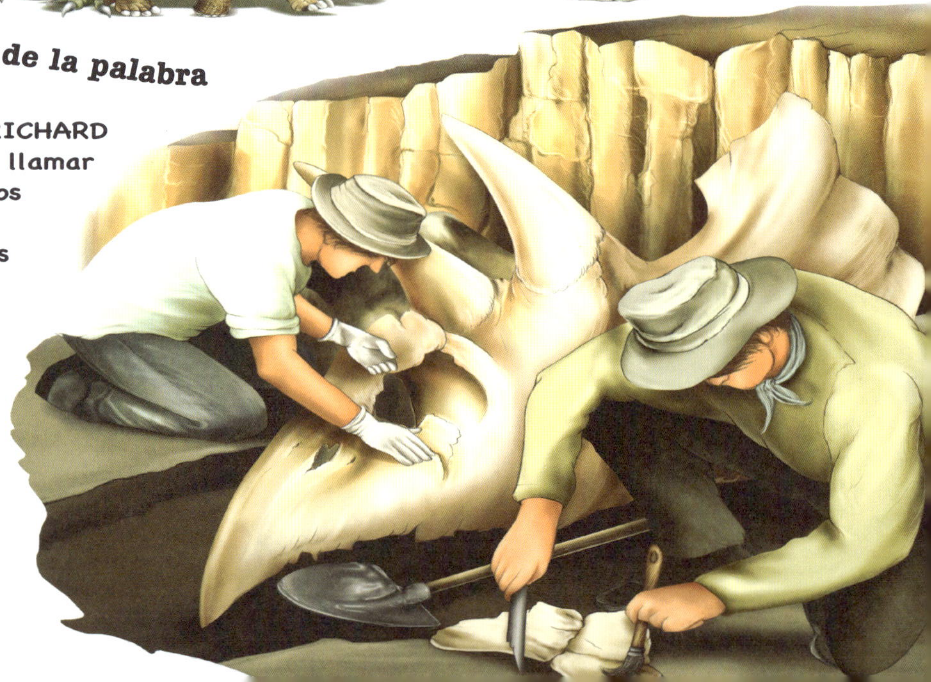

3 ¿Qué es un paleontólogo?

Los PALEONTÓLOGOS son científicos que estudian los restos de animales que ya no existen. Ellos buscan pistas en los huesos para saber qué tipo de dinosaurio es el que han encontrado.

Paleontólogos

Protocerátops

4 Nidos de reptiles

Como todos los REPTILES, los dinosaurios ponían huevos. Los mayores podían ser tan grandes como cinco huevos de GALLINA. Tenían la cáscara muy dura, y a veces los padres tenían que ayudar a sus crías a romperla.

Huevos de Protocerátops y de gallina

5 ¡Dragones! ¡Dragones!

A lo largo de la historia, gente de todo el mundo ha descubierto cráneos, huesos e incluso huevos petrificados de dinosaurio. **¿Qué pensaría un campesino de la Edad Media que encontrara el fósil de un TIRANOSAURIO REX?** Probablemente eran de huesos de dragón. **¡Menudo susto se llevarían!**

Cráneo de un Tiranosaurio

Grupos de dinosaurios (I)

6 Un grupo muy variado

Los DINOSAURIOS dominaron la superficie de la Tierra durante 180 millones de años, así que tuvieron tiempo de sobra para evolucionar de maneras muy distintas. Algunos andaban sobre dos patas, otros sobre cuatro; los había enormes y diminutos, con cuernos, con garras, con pico y hasta con armadura. Unos comían carne, otros plantas, y algunos cualquier cosa que se les pusiera por delante.

Armadura de un Euoplocéfalo

Cuernos de un Tricerátops

7 ¿Y qué tenían en común?

Para empezar, todos los DINOSAURIOS ponían huevos, y casi todos tenían la piel dura y escamosa. La mayoría tenía tres dedos en las patas, los codos orientados hacia atrás y las rodillas mirando hacia delante. Y casi todos eran animales terrestres.

Camarasaurio

8 ¡Menudo paladar!

Los DINOSAURIOS no sólo tenían un paladar en la boca... ¡Tenían dos!

El paladar secundario de los dinosaurios les permitía respirar y tragar a la vez. ¿Te lo imaginas? ¡Un dinosaurio nunca, jamás, se atragantaría comiendo!

9 Árbol genealógico de los dinos

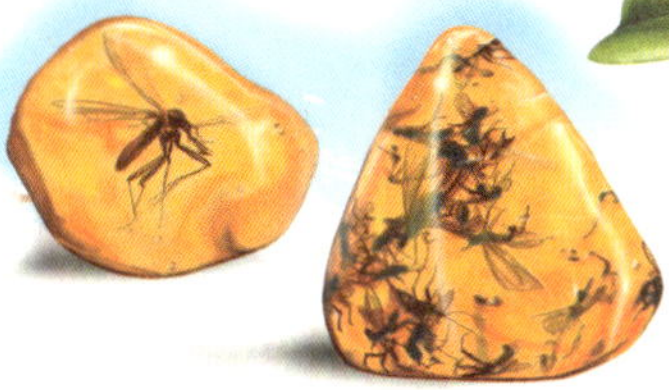

¿Has visto?
Estos insectos quedaron atrapados con resina de abeto, que se convirtió en duro ámbar.

Los cinco grupos en que se dividen los dinosaurios son, por un lado, los MARGINOCÉFALOS, los ORNITÓPODOS y los TIREÓFOROS (todos ellos herbívoros que tenían las caderas parecidas a las de los pájaros), y, por el otro, los TERÓPODOS y los SAUROPODOMORFOS (dinosaurios con caderas como las de los lagartos).

10 Marginocéfalos - VAYA CRESTA

La palabra MARGINOCÉFALO significa, literalmente, «CABEZA CON REBORDE». A estos herbívoros del Jurásico se les alargaba el hueso de detrás de la cabeza en una especie de **«CRESTA»** o **«ESCUDO»** que les protegía el cuello. Algunos además tenían cuernos. Los PAQUICEFALOSAURIOS, los TRICERÁTOPS y los PSITTACOSAURIOS pertenecen a este grupo.

Paquicefalosaurio

11 Ornitópodos

Un grupo de dinosaurios dominó el paisaje de las llanuras norteamericanas del Cretácico: el de los ORNITÓPODOS («PIE DE PÁJARO»). Se llaman así porque tenían tres dedos en cada pie, como las aves. Entre los ornitópodos más conocidos están los HADROSAURIOS y los IGUANODONTES.

Iguanodón

Grupos de dinosaurios (II)

12

¿Quién se atreve?

En griego, un TIREÓFORO es alguien que lleva un gran escudo, y es que estos dinosaurios estaban muy bien protegidos. Tenían la espalda acorazada con placas protectoras del tamaño de platos y colas llenas de largas espinas. Durante el Jurásico vivieron los ESTEGOSAURIOS y en el Cretácico, los ANQUILOSAURIOS.

13

Cómo devoraban los Terópodos

CARNÍVOROS. Es lo primero que define a los TERÓPODOS («PIE DE BESTIA»), fueran grandes o pequeños, aunque algunos evolucionaron para comer también plantas. Hay restos de terópodos en casi todos los continentes: destacan los DEINONYCHUS, los ALOSAURIOS y los TIRANOSAURIOS.

14 Sauropodomorfos: enormes cuellilargos

Al principio los SAUROPODOMORFOS comían de todo, pero sus cuellos largos les permitían alcanzar sin problemas las ramas a las que otros animales no llegaban, así que abandonaron la caza y sus peligros. Comieron tanto que se convirtieron en los mayores dinosaurios de todos los tiempos. Primero andaban a dos patas y cuando crecieron apoyaron su peso sobre las cuatro que tenían forma (MORFO) de pie (PODO) de lagarto (SAURO).

Braquiosaurio

15 El más alto del mundo

El esqueleto del dinosaurio más alto y pesado que hemos encontrado completo es un BRAQUIOSAURIO DE TANZANIA que mide 12 metros de altura. Probablemente pesaba entre 30 y 60 toneladas, **¡tanto como una ballena!** Lo puedes ver en el Museo Humboldt de Berlín, en Alemania.

Dino-récords

16 ¿Hubo dinosaurios grandes en España?

En realidad MUY grandes. En 2003 se encontraron en Riodeva (Teruel) restos de una nueva especie de dinosaurio: el TURIASAURIO RIODEVENSIS. Era un herbívoro de 37 metros y 48 toneladas (pesaba tanto como 500 personas juntas) que vivió hace 150 millones de años: sólo el húmero (el hueso que une el hombro y el codo) era tan grande como un hombre adulto.

17 El más largo del mundo

El dinosaurio más largo del que no falta ni un solo hueso es un DIPLODOCUS de 27 metros. ¡Es más grande que dos camiones de bomberos! Lo desenterraron en Estados Unidos en 1907 y su esqueleto se encuentra en el Museo de Historia Natural del Carnegie Hall de Nueva York.

18 Los superdinosaurios

Hay dinosaurios más grandes que éstos, pero aún no hemos encontrado todos sus huesos. El SAUROPOSEIDÓN medía 18 metros de altura, el SUPERSAURUS podría haber llegado a los 35 metros de largo, contando la cola, y el peso de diez camiones. Pero el campeón indiscutible, el líder de los pesos pesados, el Godzilla de los dinosaurios, era el ARGENTINOSAURIO, una bestia del Cretácico de 38 metros y hasta 100 toneladas de peso: **¡lo mismo que 30 elefantes!**

Troodon

19 Pequeños y rápidos

También había dinosaurios pequeñajos. Algunos, como el MICRORRAPTOR, no medían mucho más que una gallina. Y también había dinosaurios rápidos. Los más rápidos mantenían la cola rígida para ofrecer menos resistencia al aire y poder correr más.

Tiranosaurio rex

20 Los grandes corredores

Los dinosaurios rápidos solían ser pequeños, pero sorprendentemente algunos dinos de cola rígida eran bastante grandes. Por ejemplo, el DEINONYCHUS podía medir hasta 3,5 metros de largo, pero corría a 30 km/h, como un ciclista profesional. Y el TIRANOSAURIO REX podía moverse a más de 40 km/h, **¡y eso que pesaba tanto como un camión!**

La sociedad de los dinos

21 ¿Había manadas de dinosaurios?

Sí. En 1878 aparecieron en Bélgica los fósiles de 31 IGUANODONTES que habían muerto a la vez al caer por una grieta inundada: es decir, habían vivido en manada. Desde entonces se han encontrado caminos llenos de pisadas e incluso huellas, en Inglaterra, de una manada de dinosaurios de varias especies distintas.

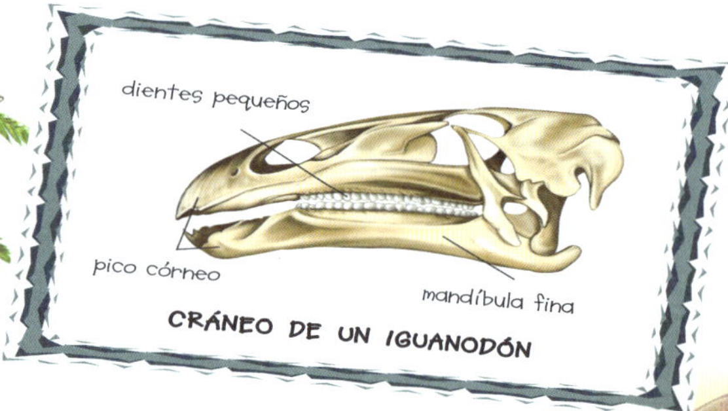

CRÁNEO DE UN IGUANODÓN

Iguanodón

22 Respuesta de los carnívoros

Contra una manada de 20 o 30 HADROSAURIOS (herbívoros grandotes y fuertes), ningún TIRANOSAURIO solitario podía tener demasiado éxito al cazar. Así que los carnívoros inventaron estrategias de caza, colaborando entre varios para separar a los adultos de sus crías, por ejemplo. Si el enemigo se unía, ellos también.

23 ¿Podían hablar los dinosaurios?

Como a todos los animales, a los dinosaurios no les hacía falta hablar para comunicarse, pero algunos, como el PARASAUROLOPHUS o el CORITOSAURIO, tenían crestas huecas sobre la cabeza que podían servir para hacer sonar más fuerte sus gruñidos y rugidos.

Corythosaurios

24 ¿Cuándo vivieron los dinosaurios?

Tras largos millones de años llegó el momento de los animales con columna vertebral, los VERTEBRADOS. La Era Mesozoica, llamada también Era Secundaria, empezó hace 250 millones de años y acabó hace 65. Como 185 millones de años es mucho tiempo, **los paleontólogos la dividieron en tres periodos: el Triásico, el Jurásico y el Cretácico.**

Dimorphodontes

Largos años, sangre caliente

25 Cómo imaginar un millón de años

Al hablar de dinosaurios, siempre decimos que existieron hace mucho tiempo: millones de años.

Pero, ¿te haces una idea de cuantísimo tiempo es un millón de años?

Quizás si lo calculas en días te imaginarás mejor su enorme extensión: un año tiene 365 días y los dinosaurios se extinguieron hace 65 millones de años, es decir... **¡23.725 millones de días!**

¿Empiezas a entender lo difícil que es para los paleontólogos saber lo que pasó hace TANTO tiempo?

Cocodrilo primitivo

26 ¿Y cuántos años vivían?

El tamaño y el metabolismo de un animal determinan cuántos años va a vivir si no enferma o se lo comen. Había dinosaurios con metabolismos lentos, como los de las TORTUGAS, que podían llegar a vivir más de 150 años, y otros más parecidos a los animales de sangre caliente, como los PÁJAROS y los MAMÍFEROS, que vivirían aproximadamente la mitad.

27 Dinosaurios de sangre fría

Los reptiles como los LAGARTOS y SERPIENTES obtienen la mayor parte de su calor corporal del sol, por eso decimos que son animales «DE SANGRE FRÍA». Este metabolismo permite reacciones de repentina velocidad seguidas de mucho descanso, porque su cuerpo se agota. Entonces, **¿los dinosaurios eran de sangre fría como los reptiles?**

Tortuga marina

Ictiosaurios

28 Calentando la sangre

Al principio la mayoría de científicos creía que sí. ROBERT BAKKER fue el primero que, en 1968, se atrevió a decir lo contrario: que los dinosaurios eran animales de sangre caliente igual que los mamíferos. Al principio nadie le creyó, pero hoy en día casi todos los científicos están de acuerdo. **¿Quieres saber por qué?**

29 Dinosaurios de sangre caliente

Fósiles de fragmentos de piel y plumas

Hay varias pistas que indican que los dinosaurios tenían sangre caliente. La posición de sus patas, bajo el cuerpo, sugiere que se movían mucho, especialmente los CARNÍVOROS. Sus crías podían crecer en poco tiempo, como las de los pájaros, y algunas especies tenían la piel cubierta de pelos o plumas para retener el calor del cuerpo. Y, para colmo, hubo dinosaurios en rincones tan fríos que ningún animal de sangre fría hubiera sobrevivido.

30 ¿Eran dinosaurios?

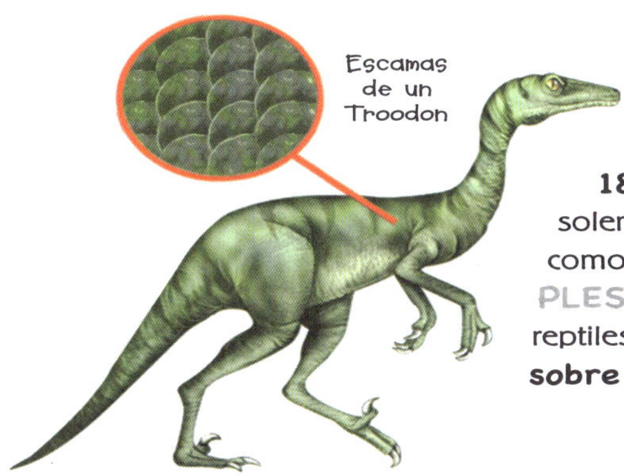

Muchos animales vivieron con los dinosaurios: al fin y al cabo, dominaron la Tierra durante 180 millones de años. A algunos de esos animales los solemos confundir con los dinosaurios, aunque no lo fueran, como los PTEROSAURIOS, PTERANODONTES, PLESIOSAURIOS e ICTIOSAURIOS: eran también reptiles, pero no dinosaurios. **Encontrarás más curiosidades sobre ellos en el capítulo 5.**

El Triásico en Pangea

31 ¿Peligró alguna vez la vida en la Tierra?

Sí, y ha pasado varias veces. Por ejemplo, varias erupciones volcánicas cambiaron el clima hace 250 millones de años y casi toda la vida de la Tierra se extinguió: plantas y animales, grandes y pequeños. A ese desastre se le llama «**EXTINCIÓN MASIVA DEL** PÉRMICO-TRIÁSICO», porque pasó entre esos dos periodos.

32 Bienvenidos a Pangea

Los continentes parecen quietos, pero en realidad se mueven poco a poco. En el Triásico todos los continentes estaban unidos en uno solo llamado PANGEA (que significa «toda la Tierra»). Así, los animales podían ir de aquí para allá sin tener que nadar o volar.

33 ¿Cuánto hace del Triásico?

Las fechas de inicio y fin del periodo no son exactas, porque hablamos de etapas que duran muchos millones de años, pero generalmente llamamos Triásico al tiempo que va entre la extinción del PÉRMICO-TRIÁSICO, hace 250 millones de años, y otra gran extinción, la del TRIÁSICO-JURÁSICO, hace 202 millones de años.

Lycaenops

34 La vegetación triásica (I)

En el norte de **PANGEA** florecieron plantas adaptadas a su clima seco y cálido: cactus, palmeras y algunas coníferas. En las zonas húmedas, como en el sur de Pangea, crecían además helechos por todas partes.

35 Mucho antes de los dinosaurios

La extinción del PÉRMICO-TRIÁSICO acabó con los principales habitantes del planeta: los TERÁPSIDOS («BESTIA ABOVEDADA», por sus grandes cabezas). Algunos los llaman «reptiles mamiferoides» porque se parecían a los mamíferos, andaban a cuatro patas como los perros. Animales como el MOSCHOPS, el LYCAENOPS y el CYNOGNATHUS aparecieron en el Triásico.

Cynognathus

Moschops

Terápsidos y arcosaurios

Listrosaurios

36 A prueba de extinciones

Sólo un TERÁPSIDO sobrevivió a la gran extinción del Pérmico-Triásico: el LISTROSAURIO («REPTIL PALA»). Medía lo mismo que un cerdo, tenía patas fuertes y dos largos dientes que asomaban de la boca, aunque era un animal herbívoro. A causa de la gran extinción, fue el vertebrado terrestre más numeroso al principio del Triásico. Vivió por toda Pangea: es la única ocasión en toda la historia que una sola especie ha predominado tanto en el planeta.

37 ¡Qué suerte tienes, Listrosaurio!

La gran extinción del Pérmico-Triásico no tuvo piedad: desaparecieron el 96% de las especies marinas (imagínalo: **¡quedaron en el mar sólo 4 de cada 100 animales!**) y el 70% de los vertebrados terrestres por causa del cambio climático, los terremotos y la falta de oxígeno en los mares. El LISTROSAURIO sobrevivió casi por pura suerte y porque le gustaba vivir cerca de ríos y lagos, donde siempre quedaba comida y bebida.

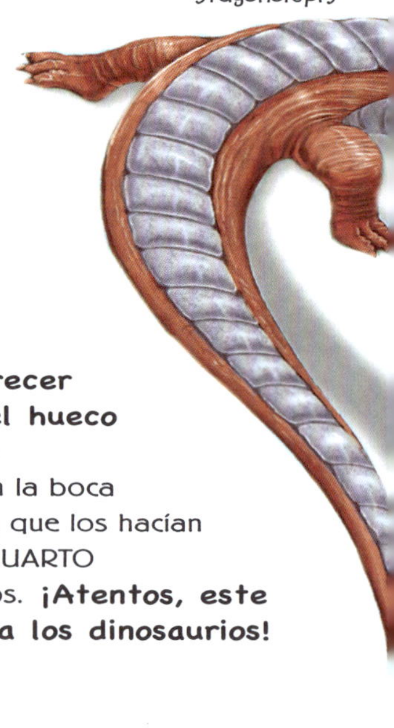

Stagonolepis

38 Cambios triásicos

Como pasa después de cada extinción, al desaparecer los TERÁPSIDOS otros animales aprovecharon el hueco que dejaron. Con el inicio del Triásico emergieron los ARCOSAURIOS («REPTILES DOMINANTES»). Tenían la boca estrecha y alargada, pequeños agujeros en el cráneo, que los hacían más ligeros, y un bulto extra en el fémur (llamado CUARTO TROCÁNTER), donde se enganchaban los músculos. **¡Atentos, este bultito será luego muy importante para los dinosaurios!**

39 La familia de los arcosaurios

Existían dos grandes tipos de ARCOSAURIO: los «TOBILLOS CRUZADOS» y los «CUELLO DE PÁJARO». Los primeros tenían el cráneo casi tan grueso como el cuerpo y el cuello muy corto: es el grupo de los cocodrilos. Los otros tenían el cuello en forma de «s» y caminaban a dos patas: de allí salieron los PTEROSAURIOS, los DINOSAURIOS y los LAGOSÚQUIDOS.

Proterosuchus

40 El temible cocodrilo conejo

LAGOSÚQUIDO significa, literalmente, «COCODRILO-CONEJO» aunque desde luego este reptil no se parecía demasiado a ninguno de esos dos animales. A quien sí se parecía era a los DINOSAURIOS; le faltaban algunos detalles, pero era capaz de correr sobre sus delgadas patas traseras. Medía sólo 30 centímetros y vivió hace 220 millones de años en Brasil y Argentina.

Rutiodon

Eorraptor - Herrerasaurio

41 ¿Cómo eran los primeros dinosaurios?

Un buen día, un ARCOSAURIO que ya se parecía mucho a un DINOSAURIO, puso un huevo del que salió un animal con todas las características de los dinosaurios. El problema es que todavía no sabemos exactamente cuál fue ese animal. Por ahora, los paleontólogos creen que la madre de todos los dinosaurios fue una EORRAPTOR, descubierta en 1991.

42 El viejo Eorraptor

El EORRAPTOR («LADRÓN DEL AMANECER») vivió hace 228 millones de años en el noroeste de Argentina. Este chiquitín de dos patas medía 1 metro de largo, apenas 30 centímetros de altura y pesaba sólo 9 kilos: era como un perro salchicha. Cazaba lagartijas, insectos y pequeños mamíferos gracias a su gran velocidad, sus garras y sus dientes afilados.

Eorraptores

43 Su propio dinosaurio

En 1960, un campesino argentino llamado VICTORINO HERRERA descubrió en la Patagonia los fósiles de un DINOSAURIO carnívoro. El paleontólogo OSVALDO REIG estudió los huesos y dedujo que tenían casi la misma antigüedad que los del EORRAPTOR. Decidió ponerle al nuevo dinosaurio el nombre de su descubridor: había nacido el HERRERASAURIO.

Herrerasaurio

44 Un tipo peligroso

El HERRERASAURIO era delgado, y un ágil corredor gracias a sus patas fuertes y sus pies grandes. Tenía la cabeza estrecha y puntiaguda llena de pequeños dientes de diferentes tamaños, que le permitían debilitar a sus presas antes de devorarlas para comérselas. Y si el enemigo se resistía, también podía usar las patas traseras. ¡Pobres EORRAPTORES!

45 El primer depredador

Los HERRERASAURIOS más grandes podían medir 5 metros de largo y la mitad de alto, como un coche, y pesar 300 kilos. Fue el primer gran dinosaurio depredador; recuerda que en su época había aún pocos DINOSAURIOS y casi todos eran muy pequeños: **¡el HERRERASAURIO era tan grande para ellos como un TIRANOSAURIO para nosotros!**

El origen sudamericano

Herrerasaurio

46 ¡Es fascinante!

El HERRERASAURIO tiene rasgos de dinosaurios muy diferentes, incluso puede que apareciera antes de la división entre «CADERAS DE AVE» y «CADERAS DE REPTIL». Y curiosamente **¡se parece más a los dinosaurios del Jurásico que a los del Triásico!**

47 El primer dinosaurio europeo

Tres millones de años después, por Brasil y Argentina corría un carnívoro ligero, tres veces más largo que el EORRAPTOR y el doble de alto: el STAURIKOSAURIO («REPTIL DE LA CRUZ DEL SUR»). Se llama así porque su fósil fue uno de los primeros que aparecieron en el hemisferio sur y la Cruz del Sur es una constelación que sólo se puede ver en ese hemisferio y que equivale a la Osa Menor del hemisferio norte.

48 El dinosaurio de la Cruz del Sur

Por las mismas fechas evolucionó otro dinosaurio más pequeño. El SALTOPUS («PIE SALTARÍN») medía como un niño de 1 año, pero sólo pesaba 1 kilo, como un gatito. Este pariente del STAURIKOSAURIO vivió en Escocia. Comía insectos, a los que atrapaba entre carreras y saltos.

Brontosaurio

49 **El más pequeño**

El dinosaurio más pequeño de todos fue el MUSSAURUS («REPTIL RATÓN»): se llamó así porque los fósiles eran muy pequeños, aunque luego se descubrió que se trataba de crías. Vivió en Argentina hace 215 millones de años.

50 El más antiguo

Mientras se resuelve la duda sobre la familia del MUSSAURUS, el saurópodo más antiguo sigue siendo el ANTETONITRUS AFRICANO de hace entre 221 y 210 millones de años. Su nombre significa «ANTES DEL TRUENO», porque fue el abuelo de los atronadores BRONTOSAURIOS: medía 10 metros y pesaba 2 toneladas: **¡apartad, Mussaurus!**

Evolución triásica

51 La realidad y la ficción

En el último capítulo hablaremos de GODZILLA, uno de los dinos más famosos del cine. Pero, ¿sabías que inspiró el nombre de un dinosaurio real? El GODZILLASAURIO o GOJIRASAURIO (Gojira es el nombre de Godzilla en Japón) medía cerca de 7 metros de altura (como un edificio de 2 plantas), pero estaba muy delgado: **¡sólo pesaba 250 kilos!** Fue el mayor carnívoro del Triásico.

52 El secreto

No siempre están las cosas tan claras. En Inglaterra se han encontrado tres huesos que algunos creen que pertenecen a un TERÓPODO primitivo cercano al EORRAPTOR, pero otros piensan que son de uno de los últimos ARCOSAURIOS. No es extraño que por ahora le llamen AGNOSPHITYS, que significa «DE PADRE DESCONOCIDO».

Postosuchus

53 Dudas razonables

¿Recuerdas que los ARCOSAURIOS desarrollaron un cuarto bulto en el fémur? EL CUARTO TROCÁNTER: nosotros tenemos sólo tres, y sirven para que los músculos de la pierna puedan sujetarse correctamente. El cuarto trocánter que les salió a los DINOSAURIOS hizo posible que se levantaran y pasaran de cuatro a dos patas.

Eorraptores

54 Los prosaurópodos

Los PROSAURÓPODOS son un grupo de dinosaurios herbívoros que vivieron durante el Triásico y principios del Jurásico. Comieron mucho y crecieron hasta más de 6 metros de longitud. Todos tenían el cuello largo y la cabeza pequeña, los brazos más cortos que las patas y una enorme garra en el pulgar para defenderse. La mayoría podía sostener su peso sobre las patas traseras, pero solían caminar a cuatro patas.

55 No soy tu padre: soy tu hermano

Durante mucho tiempo se creyó que los PROSAURÓPODOS eran los antepasados de los SAURÓPODOS (eso es lo que significa su nombre). Pero ahora sabemos que fueron familias que evolucionaron de forma diferente. Tanto los unos como los otros descienden de los PROSAUROPODOMORFOS: **¡intenta decirlo sin que se te trabe la lengua!**

Eorraptores

Fósiles del Triásico

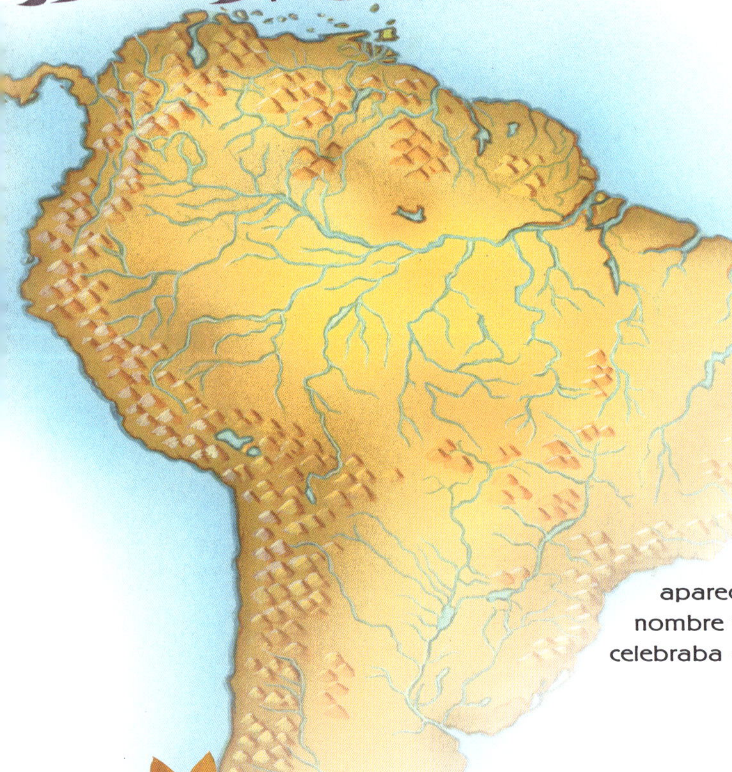

56 Fiesta romana en Brasil

El mejor sitio para encontrar fósiles del Triásico es América del Sur. En la región brasileña de Rio Grande do Sul se encontraron los restos del SATURNALIA: de apenas 1,50 metros de largo, fue uno de los primeros sauropodomorfos. Sus restos aparecieron cerca de la Navidad de 1999: su nombre viene de la fiesta dedicada a Saturno que se celebraba en la Antigua Roma.

57 Bombas contra fósiles

Otro de los dinosaurios que abrieron el camino a los SAUROPODOMORFOS es el THECODONTOSAURIO («LAGARTO DE LOS HUECOS DENTALES»). Todos los restos que se habían encontrado de este animal fueron destruidos en 1940, durante la Segunda Guerra Mundial, a causa de los bombardeos alemanes sobre Inglaterra. Desde entonces han aparecido nuevos fósiles de Thecodontosaurio, principalmente en Inglaterra.

58 Elfos y dinosaurios

También por aquella época caminaba el SACISAURIO. Al primer fósil que se encontró le faltaba una de las cuatro patas, por eso le pusieron el nombre de SACI, un travieso elfo de los cuentos brasileños con sólo una pata. El Sacisaurio medía 1,50 metros de largo y 70 centímetros de alto. **¡No sabemos cuánto medía el elfo!**

59 El de Aguas Negras

Para acabar por ahora con nuestra gira brasileña, hablemos del UNAYSAURIO («LAGARTO DE LA REGIÓN DE AGUAS NEGRAS», también en Rio Grande do Sul). Demostró que Pangea estaba unida hace 220 millones de años, ya que su descendiente más directo, el PLATEOSAURIO, vivió muy, muy lejos.

60 El mejor de Chile

Hay países en que es difícil encontrar dinosaurios nuevos. En Chile, por ejemplo, sólo aparecían trozos de fósiles demasiado pequeños para saber si pertenecían a animales conocidos o a nuevas especies. Hasta 2003, cuando los paleontólogos David Rubilar y Alexander Vargas encontraron al DOMEYKOSAURUS CHILENSIS, el primer dinosaurio 100% chileno. Con aproximadamente la mitad del fósil pudieron saber que vivió en el Cretácico, que midió 8 metros de largo y que andaba a cuatro patas.

El paisaje del Triásico

61 La joya argentina

La formación de ISCHIGUALASTO, en Argentina, contiene algunos de los restos de dinosaurio más antiguos: la calidad, cantidad e importancia de los descubrimientos que se han hecho en este yacimiento es admirable. Ischigualasto es, además, **el único lugar del mundo donde hay restos de casi todo el Triásico juntos.**

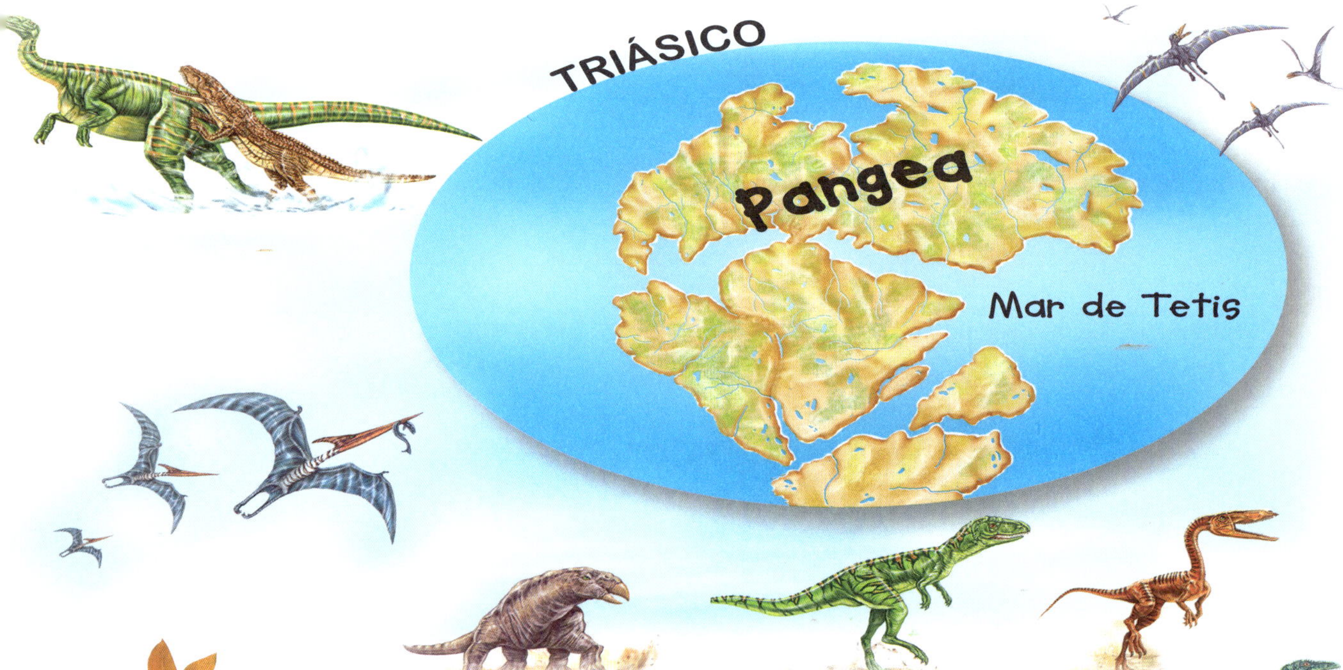

62 Tamaño medio

Pero sólo 6 de cada 100 animales de cuatro patas encontrados en ISCHIGUALASTO son dinosaurios. Y es que en el Triásico todavía había muy pocos dinosaurios.

63 Un espectáculo INCREÍBLE

A mediados del Triásico, hace 167 millones de años, PANGEA comenzó a partirse: al norte se formó LAURASIA (con las futuras Norteamérica y Eurasia) y al sur fue a parar GONDWANA (América del Sur, África, la Antártida, la India y Australia). **¡Los dinosaurios debían andar muy asustados con tanto terremoto!**

64 La vegetación en Gondwana

En el Pérmico había florecido una planta llamada GLOSSOPTERIS. Al llegar el Triásico se extinguió (las plantas también se pueden extinguir) y en su lugar aparecieron unos helechos que llamamos DICRODIUM. La flora del Triásico en Gondwana incluía además campos de heno, selvas de hojas anchas y bosques de primitivas coníferas.

65 La vegetación en Laurasia

Las plantas de Laurasia eran un poco distintas: abundaban unas coníferas llamadas VOLTZIALES y las CÍCADAS (palmeras primitivas), montones de helechos de todos los tamaños (muchos de ellos más grandes que una persona) y por supuesto el GINGKO, un árbol que hoy en día prácticamente sólo se puede ver en China. **¿Y sabes lo más curioso? Ninguna de estas plantas tenía flores: todavía no existían.**

Plateosaurio, el gigante

66 Una torre en sus tiempos

Con una longitud de hasta 10 metros, el PLATEOSAURIO («LAGARTO PLANO») fue uno de los dinosaurios más grandes del Triásico. Lo que tenía plana era la cabecita: su enorme corpachón se bamboleó por Alemania y Groenlandia, que en esa época era una llanura cálida llena de vegetación.

67 Estira el cuello...

El PLATEOSAURIO fue el primer gran dinosaurio que se alimentó exclusivamente de plantas, y el primero que pudo llegar a las ramas altas de los árboles gracias a su largo cuello. Las patas de atrás y la cola eran largas, para ayudarle a llegar más arriba, y seguramente utilizaba las garras de sus manos para sujetar las ramas mientras las mordía.

68 El dinosaurio más profundo

Otro récord que mantiene el PLATEOSAURIO es el de ser el FÓSIL DE DINOSAURIO MÁS PROFUNDO: sus restos son los que se han encontrado a mayor profundidad en una perforación. Exactamente a 2.256 metros bajo el nivel del mar del Norte.

69 Las palmas de las manos

Ningún prosaurópodo de la época del PLATEOSAURIO, ni tampoco sus depredadores, podía girar las palmas de las manos hacia abajo. Así que, pese a su tamaño, debieron soportar su peso exclusivamente sobre las patas traseras, equilibrándolo con la cola y el tórax.

70 De sangre ¿templada?

Los investigadores MARTIN SANDER y NICOLE KLEIN creen que la diferencia de tamaños entre PLATEOSAURIOS significa que todavía tenían sangre fría como los reptiles. ¿Por qué? Los reptiles pueden ajustar su ritmo de crecimiento según las condiciones del ambiente, así que dos reptiles de la misma especie pueden tener todas sus características adultas a edades (y tamaños) muy diferentes.

Coelophysis, el ligero

71 Dónde ver Plateosaurios

Alemania es uno de los mejores lugares para ver esqueletos de PLATEOSAURIO: los encontraréis expuestos en el Museo Humboldt de Berlín, en el Instituto-Museo de Geología y Paleontología de la Universidad de Tubinga y en el Museo Estatal de Historia Natural de Stuttgart.

72 Quizás no era de la familia

Existe un PROSAURÓPODO triásico llamado PLATEOSAURAVUS («ABUELO DEL PLATEOSAURIO»), pero no está nada claro cuáles son los lazos que lo relacionan con el Plateosaurio: ¿fue anterior, posterior o contemporáneo a él? Seguramente lo sabremos cuando completemos su esqueleto.

Coelophysis

73 El dinosaurio hueco

El dinosaurio mejor conocido del Triásico es el COELOPHYSIS. Su nombre significa «FORMA HUECA» y muchos de sus huesos, en efecto, estaban vacíos. Le pesaba poco la cabeza porque estaba agujereada por los lados y tenía el morro alargado: era un dino diseñado para moverse muy rápido.

Coelophysis

74 Morder en todas direcciones

La mandíbula inferior del COELOPHYSIS le permitía cortar a sus presas con un movimiento de sierra. No sólo abría y cerraba la boca, sino que a la vez también desgarraba: ¡TEMIBLE!

75 Los deseos

El COELOPHYSIS es el primer dinosaurio con fúrcula. La fúrcula es un hueso formado por la fusión de las clavículas en los pájaros y algunos terópodos. También se le llama «HUESO DE LOS DESEOS» por la tradición de que dos personas tiren de sus extremos mientras piden un deseo: dicen que a quien se quede el trozo más grande se le cumplirá, aunque de momento nadie lo ha intentado con la fúrcula de un dinosaurio...

76 Menudo corcel vaquero

Otro dinosaurio frecuente es el SELLOSAURIO, con más de 20 esqueletos descubiertos. Su nombre significa «REPTIL SILLA DE MONTAR». Sus estrechas patas, dotadas de cinco dedos, soportaban cómodamente su peso cuando recorría los desiertos de Centroeuropa.

Dimorphodontes

Peligros por todo el mundo

77 Australiano en duda

El dinosaurio más antiguo de Australia puede ser el AGROSAURIO («REPTIL DE CAMPO»), de hace 200 millones de años. Pero hay científicos que creen que sólo es otra especie de THECODONTOSAURIO: si es así, los dinos más antiguos de Australia pasarían a ser el RHETOSAURIO y el OZRAPTOR, del Jurásico.

78 Mares crueles

Los mares del Triásico estaban repletos de vida. Los reptiles nadadores se impulsaban con las cuatro patas y capturaban peces con sus afilados dientes. Los ICTIOSAURIOS, parecidos a los delfines, nadaban en aguas poco profundas de todo el mundo, sin la competencia de los dinosaurios, que se quedaban en la superficie terrestre.

79 Cinco nombres para un dino

Algunos dinosaurios dan más problemas que otros. En 1908 FRIEDRICH VON HEUSE creyó que unos huesos eran de TERATOSAURIO, un reptil del Triásico. Otro alemán, EBERHARD FRAAS, se dio cuenta del error y pensó que era un THECODONTOSAURIO, pero luego cambió de idea y lo llamó PALEOSAURIO. Después se le confundió con el SELLOSAURIO y hace poco se le dio el nombre de EFRAASIA en honor del descubridor del primer error. **¡Menudo lío!**

80 Sin parentesco conocido

El PROCOMPSOGNATHUS, o «ANTECESOR DEL COMPSOGNATHUS», fue un dinosaurio terópodo primitivo que apareció hace 222 millones de años y se extinguió hace 219. Pese a su nombre, no hay ninguna pista que indique que fuera realmente un ancestro del Compsognathus jurásico.

81 Un testigo difícil

Pariente o no, el PROCOMPSOGNATHUS era un bípedo de largas y delgadas patas que apenas llegaba a 1,20 metros de largo. Tenía la boca llena de dientecillos afilados, cazaba insectos y lagartijas, y vivía en el interior de Pangea. **No está mal saber todo eso del único fósil de este dinosaurio que se ha encontrado hasta ahora, ¿verdad?**

Hacia una nueva extinción

82 ¿Venenoso? ¿Por qué no?

En su novela *Parque Jurásico*, MICHAEL CRICHTON llama «COMPIS» a los PROCOMPSOGNATHUS, un mote que se ha hecho muy popular tanto para ellos como para los COMPSOGNATHUS. El autor se inventó que los Procompsognathus son venenosos, algo que ningún dato sobre esta especie sugiere. Aunque, con lo poco que sabemos de los «compis», todo es posible...

83 Deducciones sobre un hocico

Aún no está claro si el LUKOUSAURIO es un dinosaurio o un arcosaurio de «TOBILLOS CRUZADOS», porque sólo tenemos el fósil de su hocico, que se encontró en China en 1948. El nombre viene del puente Lukou (significa «cruce de caminos»), cerca de Pekín. Si al final resulta ser un dinosaurio, estará entre los terópodos y los ceratosaurios.

84 Cucú, cantaba la rana

Lycaenops

Los antecesores de las RANAS y los LAGARTOS aparecieron también durante el Triásico. Los mamíferos deberían evolucionar por su cuenta, pero durante todo el Mesozoico no destacaron y apenas intervendrán en nuestra historia...

85 Dinosaurios por todas partes

Durante el MESOZOICO, casi todos los animales terrestres de más de 1 metro de largo eran dinosaurios.

86 ¿Una extinción? ¡Me va de fábula!

La extinción masiva del Triásico-Jurásico afectó principalmente a las especies marinas, pero también desaparecieron muchos animales terrestres: la mayoría de los DICYNODONTES (reptiles mamiferoides con grandes colmillos) y ARCOSAURIOS, por ejemplo. Al morir, dejaron abiertas muchas posibilidades para que los dinosaurios probaran suerte en su lugar... Y los dinos las aprovecharon.

El paisaje del Jurásico

87 ¿Cuándo empezó el periodo Jurásico?

El TRIÁSICO acabó hace 200 millones de años con la extinción del Triásico-Jurásico y tras él comenzó el JURÁSICO, que duró otros 45 millones de años. El nombre del periodo se lo puso el minerólogo francés ALEXANDRE BOGNIART mientras estudiaba las rocas de las montañas Jura, entre Alemania, Francia y Suiza.

88 Pangea tiembla

En aquellos tiempos, los diversos continentes que formaban PANGEA no paraban de moverse: dos de ellos, CIMMERIA y EURASIA, chocaron, y con el choque aparecieron montones de grietas de muchos kilómetros de profundidad, llamadas FALLAS. Una de ellas empezó a separar América y África (que entonces aún estaban pegadas) creándose el océano Atlántico, y se extendió por Estados Unidos: esa enorme grieta es el sitio por donde hoy pasa el río Misisipi.

89 Las tres Cimmerias

Ha habido tres CIMMERIAS famosas: el continente que separó América y África, una tribu centroeuropea del siglo VII y la tierra mítica que se inventó el escritor ROBERT E. HOWARD para las aventuras de *Conan el Bárbaro*.

90 Ayer en el interior, hoy en la costa

Durante el **TRIÁSICO** en gran parte del interior de **PANGEA** era difícil vivir por su clima, pero de repente lugares que habían estado a miles de kilómetros en el interior se encontraban en la costa. **Las primeras que se adaptaron al nuevo clima fueron las plantas.**

91 Cambio climático

Durante el JURÁSICO, el clima de la Tierra se volvió más húmedo, pero siguió siendo muy cálido. Eso ayudó a la formación de enormes praderas y bosques, poblados de helechos y coníferas: los herbívoros tenían comida sin límite, y eso ayudó a que se volvieran mucho más grandes. Y detrás de ellos, los carnívoros. En el Jurásico, todo se hizo más grande.

Compsognathus

92 Distribución de dinosaurios

La mayor cantidad de dinosaurios durante el Jurásico se concentró en Europa: la «COSTA JURÁSICA», al sur de Inglaterra, ha sido declarada por la UNESCO Patrimonio de la Humanidad por la inmensa cantidad de fósiles que contiene. En cambio en Estados Unidos y Canadá se han encontrado muy pocos restos de esta época.

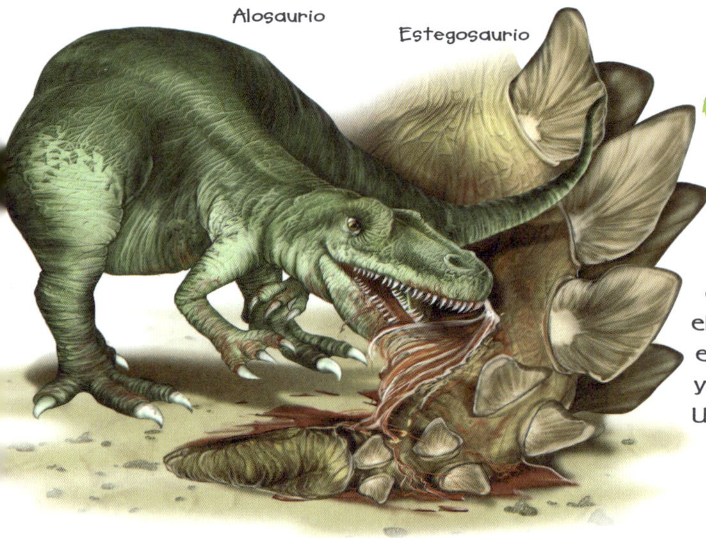

93 Los últimos grandes carnívoros

Desde el Jurásico los TERÓPODOS fueron los únicos grandes carnívoros terrestres del planeta. En esta era destacaron el ALOSAURIO («REPTIL EXTRAÑO»), el SINRAPTOR («LADRÓN CHINO»), el EPANTERIAS («CON CONTRAFUERTES») y el MONOLOFOSAURIO («LAGARTO DE UNA CRESTA»).

94 El compi Compsognathus

«MANDÍBULA ELEGANTE»: eso es lo que significa el nombre del primer dinosaurio del que se obtuvo un esqueleto más o menos completo. El COMPSOGNATHUS era un reptil de 1 metro de largo y medio metro de altura que caminaba a dos patas. Vivió en Francia y Alemania hace 150 millones de años.

95 ¿Plumas o escamas?

Compsognathus

No sabemos si el cuerpo del COMPSOGNATHUS estaba cubierto de plumas o de escamas: por un pequeño pedazo de piel fosilizada aparecido en Alemania, sospechamos que podría haber tenido un plumaje corto por todo el cuerpo. Pero la piel fosilizada del JURAVENATOR, muy parecido al COMPI, sólo tiene escamas. **¿Llegaremos a saber la verdad?**

96 Famoso por haber sido comido

Carnotauro

Compsognathus

En la historia de los dinosaurios están los más grandes, los de largos cuellos o los dientes más feroces: el BAVARISAURIO se hizo famoso porque un COMPSOGNATHUS se lo comió. Dentro del fósil de un Compi alemán apareció el esqueleto de un Bavarisaurio, un pequeño y veloz lagarto que nos enseñó que el Compsognathus debía de ser muy rápido y tener una vista muy aguda para poder cazar su almuerzo.

Con crestas y a lo loco

97 Con dos crestas...

Uno de los primeros grandes carnívoros del Jurásico fue el DILOFOSAURIO: «LAGARTO CON DOS CRESTAS» es una buena descripción del aspecto de este cazador, que debía de usar su sombrero doble para llamar la atención.

98 ... y con una sola

El MONOLOFOSAURIO sólo tenía una cresta, hecha de hueso y situada sobre el hocico. Era algo más pequeño que el DILOFOSAURIO (5 metros), pero más pesado (unos 700 kilos). Sus fósiles se han encontrado en una zona de China que estaba cerca del mar: quizás comía peces.

Dilofosaurios

99 Mandíbulas débiles

Pese a su aspecto formidable (6 metros de largo y media tonelada de peso), el DILOFOSAURIO debía de usar más las garras que las mandíbulas para cazar, ya que eran estrechas y no muy fuertes. O quizás, después de todo, el Dilofosaurio fuera carroñero y se alimentaba de animales ya muertos.

100 El dinosaurio que llegó del frío

El CRIOLOFOSAURIO («LAGARTO DE CRESTA FRÍA») fue un dinosaurio bípedo que vivió en la Antártida hace 200 millones de años. Es el terópodo de cola rígida más antiguo que se conoce y el primer dinosaurio encontrado en la Antártida al que se le puso nombre.

101 El Elvis de los dinosaurios

La extraña cresta del CRIOLOFOSAURIO estaba atravesada sobre los ojos en lugar de ir de la parte delantera a la trasera del cráneo: hay quien dice que se parecía bastante al peinado de ELVIS PRESLEY en los años 50, así que, medio en broma, hay quien lo llama ELVISAURUS.

¡Oh, yeah!

102 El Gasosaurio

En 1985 se estaba construyendo una fábrica de gas en Dashanpu, China. Durante la excavación aparecieron los restos de un nuevo dinosaurio al que le faltaba la cabeza, un terópodo de cola rígida que, en honor de las circunstancias, fue bautizado como GASOSAURIO.

Carnívoros hambrientos

Iguanodón

103 Más grande que un camión

Con sus 15 metros de longitud, el peligroso EPANTERIAS es uno de los carnívoros más grandes de la historia. Hace 150 millones de años, cazaba por el oeste de Estados Unidos armado con unos dientes y garras afilados como cuchillas.

104 Alosaurios del mundo, ¡UNÍOS!

Posiblemente el EPANTERIAS era una especie de ALOSAURIO («REPTIL EXTRAÑO»): el Alosaurio terópodo apareció hace 156 millones de años y fue uno de los mayores depredadores del planeta durante 12 millones de años. Se han encontrado fósiles en Portugal, Estados Unidos, Rusia y China, de manera que fue un dinosaurio habitual en todo el mundo.

105 Largo, grande y ¿ligero?

El ALOSAURIO era tan largo como dos coches (9 metros) y tan alto como una farola (3 metros) pero sólo pesaba 2.500 kilos, lo mismo que el rinoceronte indio, que es casi la mitad de grande; para su tamaño, el Alosaurio era bastante ligero.

106 Huesos de gigante

El MEGALOSAURIO **fue el primer dinosaurio descrito de toda la historia:** en 1676 se encontró parte de un hueso cerca de Oxford. Se lo llevaron a ROBERT PLOT, profesor de la Universidad: Plot creyó que el hueso era demasiado grande para pertenecer a ninguna especie conocida, así que decidió que se trataba de **¡la cadera de un gigante!** Hoy sabemos que era el fémur de un Megalosaurio.

Megalosaurio

107 Poderoso Megalosaurio

Y es que el MEGALOSAURIO **era todo un grandullón.** Los restos desenterrados en Inglaterra nos hablan de un monstruo bípedo del tamaño de un autobús con una boca llena de grandes dientes curvos en forma de sierra: **¡un espanto!**

108 Tengo hambre

Aunque por su tamaño y ferocidad el MEGALOSAURIO **pudo atacar incluso a los saurópodos,** también es posible que a veces comiera presas muertas. Pero no le culpéis por ser a la vez carroñero y cazador: mantener un cuerpo tan poderoso requería mucha, mucha comida.

Creciendo

109 Buena vista y punto de mira

CERATOSAURIO significa «REPTIL CORNUDO». Este terópodo tenía un prominente cuerno de hueso sobre el hocico y unos bultos duros sobre la cabeza y los ojos, que eran muy grandes: debía de tener muy buena vista. Cazaba en manada.

110 El cazador de dragones

Durante la Edad Media se confundió a los dinosaurios con **DRAGONES**, pero también los dinos tuvieron su san Jorge: el nombre del **DRACOVENATOR** significa «CAZADOR DE DRAGONES».

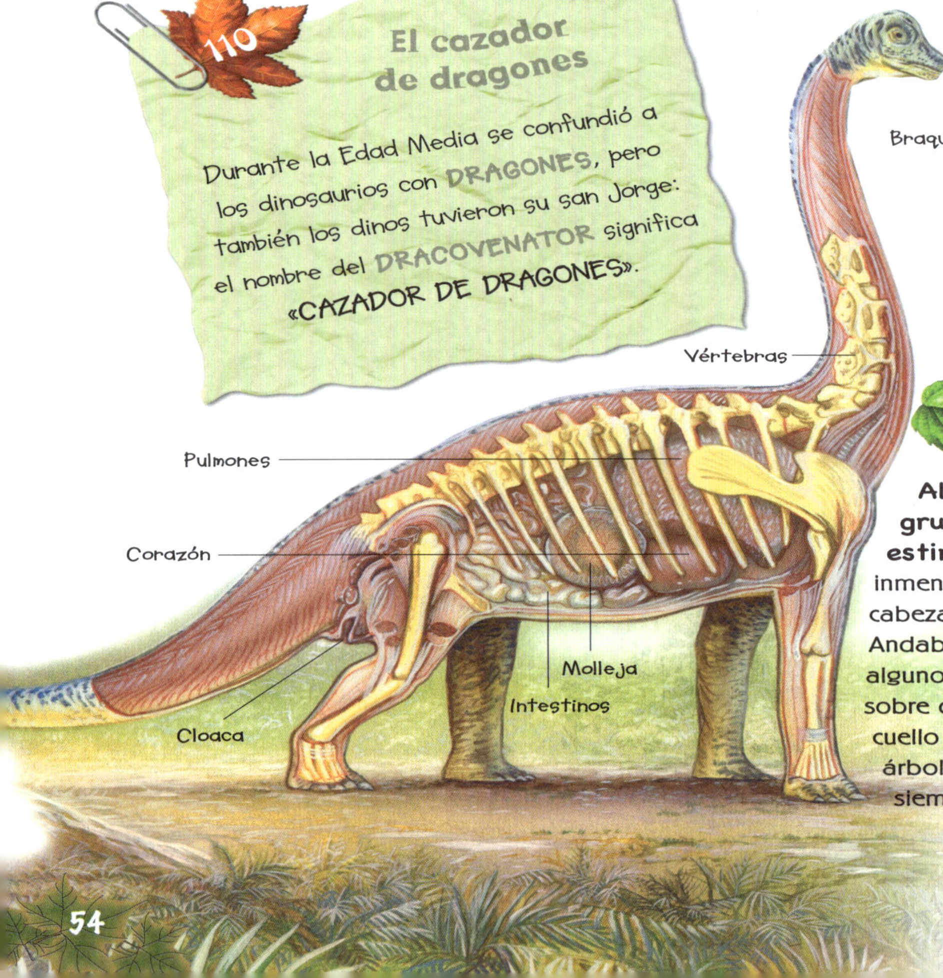

111 El gran estirón

Al final del Jurásico un grupo de dinosaurios pegó un estirón: los SAURÓPODOS, inmensos herbívoros de cuello largo, cabeza pequeña y cola fuerte. Andaban a cuatro patas, pero algunos podían sostenerse quietos sobre dos durante un rato, estirar el cuello y llegar a las ramas de los árboles más altos: en aquella zona siempre quedaba alimento.

112 Huellas redondas

Las huellas de los SAURÓPODOS **eran redondas, aunque sus pies no lo eran. ¿Cómo puede ser?** Para gastar menos energía al caminar, les salió una almohadilla circular en la planta de las patas traseras. Esa almohadilla no cubría los dedos, así que su huella era redonda. Argentina, Brasil, la India y Mongolia son los países donde mejor podrás contemplar estas huellas de hasta 1 metro.

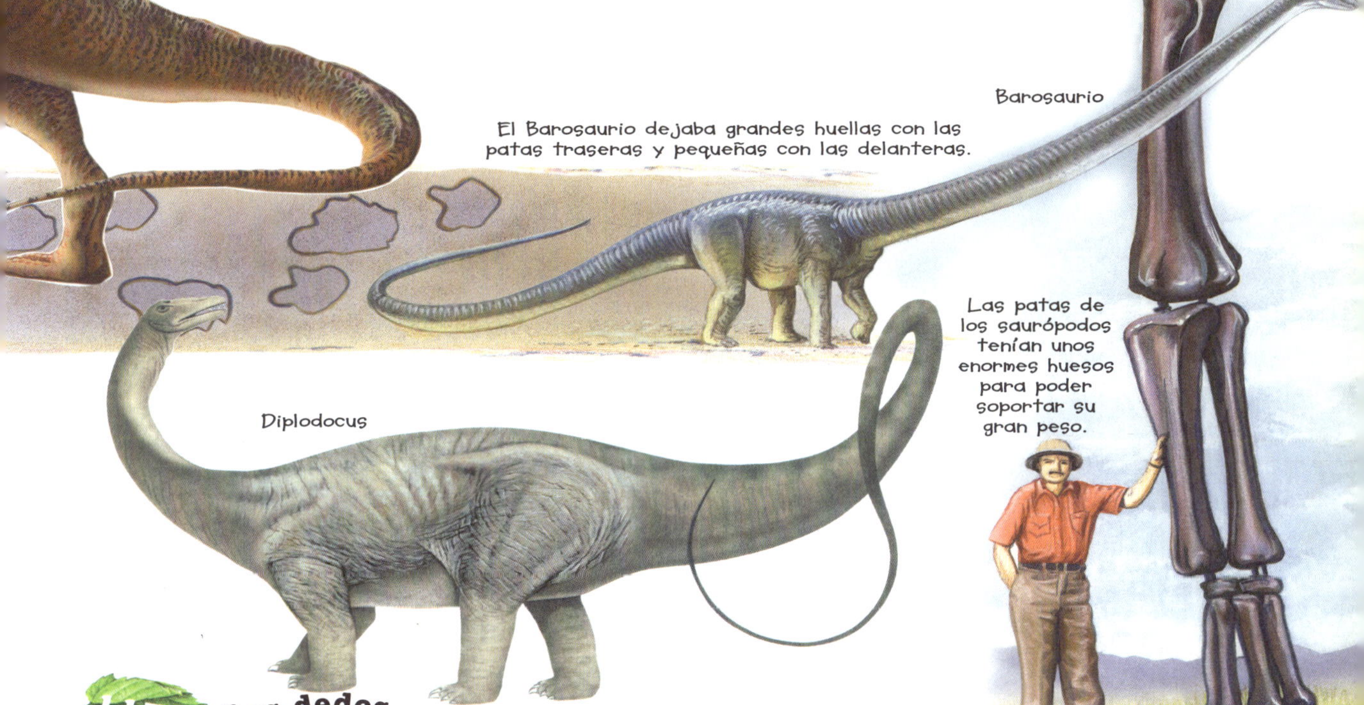

113 Los dedos

Los primeros SAURÓPODOS **podían usar las manos,** pero para crecer de verdad, tuvieron que renunciar a los dedos; así, sus patas se convirtieron en fuertes columnas que soportaban su peso.

Creciendo más

114 El trueno engañoso

En 1877, el paleontólogo OTHNIEL C. MARSH descubrió un dinosaurio al que llamó APATOSAURIO («LAGARTO ENGAÑOSO»), porque su cola se parecía a la del MOSASAURIO (mira la curiosidad 274).

Algunos años después encontró otro dinosaurio mayor y mejor conservado, al que llamó BRONTOSAURIO («LAGARTO DEL TRUENO»). Pero en 1903 se supo que el Brontosaurio no era más que un Apatosaurio adulto: los científicos decidieron llamar a la especie con el primer nombre que se había usado, y Brontosaurio se convirtió en un bonito sinónimo.

Apatosaurio

115 ¡Que llega el Apatosaurio!

Con 4,5 metros desde el suelo hasta la cabeza, hasta 20 metros de largo (como cinco coches) y 40 toneladas de peso, cuando este grandullón se ponía a andar sus pasos debían de resonar como verdaderos truenos por toda la llanura jurásica. 40 toneladas es el peso de... **¡26 coches!**

Apatosaurio

116 Atronador

Especialmente ruidoso debía de ser el APATOSAURIO si, como parece, podía levantarse sobre las patas traseras para llegar a las ramas superiores. **Si luego se dejaba caer otra vez, ¡tenía que resonar como una tormenta de las fuertes!**

117 ¿Dónde tengo la cabeza?

En 1975 se identificó por primera vez el cráneo de un APATOSAURIO. Hasta entonces, todas las esculturas y dibujos de este animal estaban equivocadas: le ponían la cabeza del otro dino de 20 metros con el que convivió, aunque comían plantas diferentes.

Camarasaurio

El gigantesco Braquiosaurio

118 Tremenda adivinanza

¿Qué pesa entre 35 y 90 toneladas, puede medir 25 metros de largo y cuatro pisos de altura? Si tu respuesta ha sido BRAQUIOSAURIO, **¡has acertado!** El «REPTIL-BRAZO» (a su descubridor le llamaron la atención sus largas patas delanteras) usaba su supercuello de 12 metros para alimentarse de las copas de los árboles sin tener que ponerse a dos patas.

119 La familia Braquiosaurio

Se conocen tres especies de BRAQUIOSAURIOS: el ALTITHORAX, desenterrado por ELMER RIGGS en 1900 en Colorado y Utah (EE UU); el GIRAFFATITAN, en 1914 en Tanzania, con una bolsa-cresta sobre la nariz; y el ALATAIENSIS, encontrado en 1957 en Extremadura y Portugal. Todos vivieron hace 145 millones de años.

120 Corazón de Braquio

El BRAQUIOSAURIO tenía un corazón potente, capaz de mover la sangre hasta su elevada cabeza. Cuando no estaba comiendo, puede que llevara el cuello en posición horizontal para favorecer la circulación, o quizás tenía una especie de segundo corazón en el cuello para facilitar el bombeo. **¡Fíjate en la ilustración de la página 54 y verás qué huesos!**

121 Un mal nadador

Aunque hasta los años 90 se dibujaba al BRAQUIOSAURIO en lagos y ríos, todo indica que pasaba muy poco tiempo en remojo. Estar en el agua habría reducido el esfuerzo necesario para mover su enorme cuerpo, pero las patas del Braquiosaurio eran estrechas y al sumergirse se habrían hundido en el fango.

122 El dinosaurio más gigante

Con permiso del BRAQUIOSAURIO, si hablamos de dinosaurios gigantes el primero en el que pensamos es el DIPLODOCUS. Su silueta es la más fácil de dibujar si se trata de dinosaurios: cola y cuello largos sobre cuatro robustas patas. Durante muchos años, sus 27 metros le hicieron el dinosaurio más largo conocido.

Diplodocus y otros titanes

123 Huesos a dieta

Junto al DIPLODOCUS, en Norteamérica vivieron otros grandes reptiles hace entre 159 y 144 millones de años: el CAMARASAURIO, por ejemplo. Su nombre se debe a que en cada vértebra tenía varios huecos (o «cámaras»). Sin esos huecos no se habría podido mover: tenía el esqueleto el doble de grueso que el del Diplodocus, e incluso con esas cámaras de aire seguía pesando 20 toneladas más.

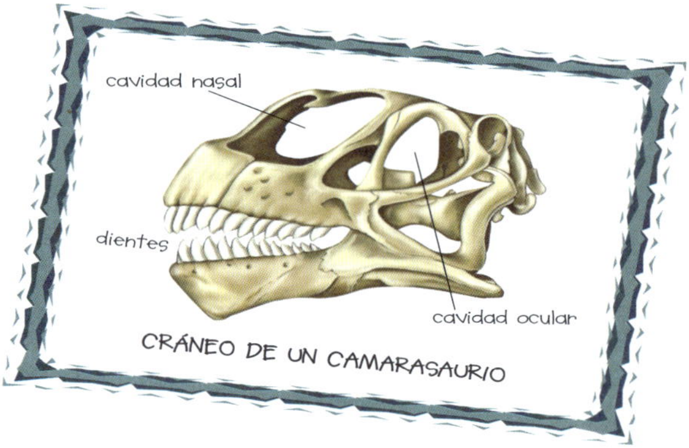

CRÁNEO DE UN CAMARASAURIO

124 ¡Vaya cola!

La cola del DIPLODOCUS era una verdadera maravilla de ingeniería biológica: extremadamente larga, con más de 80 vértebras, la pudo utilizar como defensa, para hacer ruido o como contrapeso para su largo cuello de 6 metros.

125 Cuidado: dinosaurio frágil

Unos restos descubiertos en China por OUYANG HUI en 1986 fueron tan difíciles de reconstruir que al dinosaurio se le puso el nombre ABROSAURIO («LAGARTO DELICADO»).

Diplodocus

126 El curioso Shunosaurio

12 metros de longitud, 5 metros de altura, 8 toneladas de cuerpo macizo... Sí, el SHUNOSAURIO era un buen representante de los saurópodos que caminó por China hace 170 millones de años. Entonces, **¿por qué su cola terminaba en una maza con púas? Es el único saurópodo que se conoce con esa característica.**

Shunosaurio

Estegosaurio

127 ¡Estego, al tejado!

El ESTEGOSAURIO («REPTIL CON TEJADO») fue un dinosaurio herbívoro que habitó en Estados Unidos y Portugal hace entre 156 y 144 millones de años. Es uno de los dinosaurios más conocidos: tenía cuatro peligrosas púas en la cola que podían medir hasta 60 centímetros y una hilera de anchas placas sobre la espalda.

Expediente Estegosaurio (I)

128 Las placas del Estegosaurio

La posición de las placas del ESTEGOSAURIO se ha discutido durante muchos años y al encontrar fósiles cada vez mejor conservados, ahora podemos asegurar que se distribuían en dos filas sobre el lomo en posición vertical. Se trata del único reptil con este tipo de placas.

129 Las placas

¿Y para qué le servían las placas a nuestro amigo ESTEGOSAURIO de 9 metros de largo? Las placas eran delgadas, así que ofrecían poca defensa, pero lograban que fuese más grande, incluso más que algunos depredadores como el ALOSAURIO o el CERATOSAURIO. La gran cantidad de venas en su interior podía permitir al Estego teñir sus placas de colores vivos bombeando sangre por su interior.

130 Su temperatura

Durante el Jurásico, todos los dinosaurios eran ya animales de sangre caliente. Aun así, el ESTEGOSAURIO tragaba muchas plantas que fermentaban en su interior, generando enormes cantidades de calor, por ello usaba sus placas para enfriarse. **Si no, ¡se habría achicharrado!**

131 Mucha placa y poco coco

El cuerpo del ESTEGOSAURIO **terminaba en una minúscula cabeza alargada:** su cerebro era poco más grande que una nuez y sus sentidos no debían de estar muy desarrollados: menos mal que sus enemigos se lo pensaban dos veces antes de atacarle.

Expediente Estegosaurio (II)

132 El saurio de dos cerebros

¿O quizás el ESTEGOSAURIO era más listo de lo que parecía? OTHNIEL MARSH, el gran descubridor de dinosaurios, encontró en 1880 un hueco en la columna, que podía alojar un segundo cerebro para controlar el movimiento de la cola. Desde 1990 se cree que en ese hueco (existente también en los pájaros) había un órgano que suministraba energía. **¡Qué interesante!**

133 Estego y sus compis

Generalmente nos estamos refiriendo sólo a las especies principales de cada dinosaurio, pero existen otras especies menos conocidas. Por ejemplo, el KENTROSAURIO («LAGARTO PUNTIAGUDO») fue un ESTEGOSAURIO del este de África, que tenía púas hasta la mitad del lomo, no sólo en la cola. Otro pariente fue el HUAYANGOSAURIO CHINO, con dos largos pinchos en las caderas. Eso sí, el más grande de todos fue el Estegosaurio.

134 La dieta del Estegosaurio

El ESTEGOSAURIO sólo podía comer musgos, flores, frutos maduros y helechos, porque no llegaba a las ramas de los árboles. Las placas del Estego eran maravillosas, pero su boca estaba muy mal hecha: sus dientes planos no troceaban bien las plantas, y además la mandíbula se movía muy poco, así que comía piedras (llamadas gastrolitos) para que al moverse en el estómago con las plantas le ayudaran a hacer la digestión.

135 Los primeros con armadura

Los SCELIDOSAURIOS eran unos dinosaurios ligeramente acorazados que vivían en Norteamérica y Europa a comienzos del Jurásico. Parece que son los antepasados de los ANQUILOSAURIOS, y también primos de los ESTEGOSAURIOS.

Galvesaurios y Raptores

136 Dinosaurios españoles

En España también hay dinosaurios propios. En 1990 se encontró en Galve (Teruel) el sexto dinosaurio español: el GALVESAURIO era un herbívoro de 15 metros que pesaba sólo 8 toneladas. Hace 145 millones de años Teruel tenía costa, así que el Galvesaurio vivía cerca del mar. En el mismo yacimiento se han encontrado otros 40 dinosaurios.

137 Que entren los raptores

Los DROMEOSÁURIDOS **son un grupo de terópodos** que desde el Jurásico cazaron por Norteamérica, Europa, Japón, China, Mongolia, Madagascar y el norte de África. Su nombre significa «LAGARTO CORREDOR» y familiarmente se les llama «RAPTORES».

138 Situando a los dromeosáuridos

Esta familia de depredadores apareció por primera vez hace 167 millones de años y sobrevivió hasta el final de los dinosaurios. Su rasgo más característico son las enormes garras de sus pies, pero el fósil más encontrado de los RAPTORES del Jurásico son sus dientes. **¡Debían de ser muy duros!**

139 El dromeosaurio más grande

Toda la familia de los RAPTORES eran temibles depredadores, con afilados dientes y garras como cuchillos. El más grande de todos era una auténtica pesadilla: hace 120 millones de años vivió en Estados Unidos el UTAHRAPTOR, un dromeosaurio de 7 metros de largo que pesaba 1.000 kilos.

140 ¿Deinonychus o Velocirraptor?

Unos de los depredadores más peligrosos de *Parque Jurásico* son los VELOCIRRAPTORES. En la película tienen 2 metros de largo, pero los Velocirraptores sólo medían la mitad.

¿Se lo inventó el director?

Sí y no: otro temible DROMEOSÁURIDO, el DEINONYCHUS, sí que era tan grande, y hace poco fue incorporado al grupo de los Velocirraptores. Así que, al final, los Deinonychus de Spielberg sí eran Velocirraptores.

141 Errores en la ficción

PARQUE JURÁSICO, **de MICHAEL CRICHTON, es la serie de novelas y películas que volvió a poner de moda los dinosaurios.** Pero la mayoría de dinosaurios del parque no son del periodo Jurásico: el TRICERÁTOPS, el VELOCIRRAPTOR y el TIRANOSAURIO, por ejemplo, pertenecen al Cretácico.

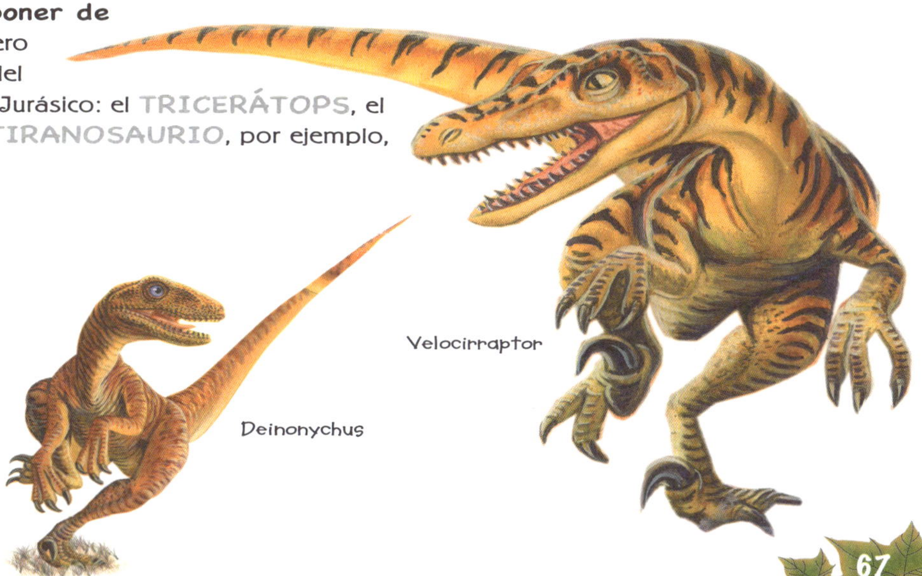

La gran era de los dinosaurios

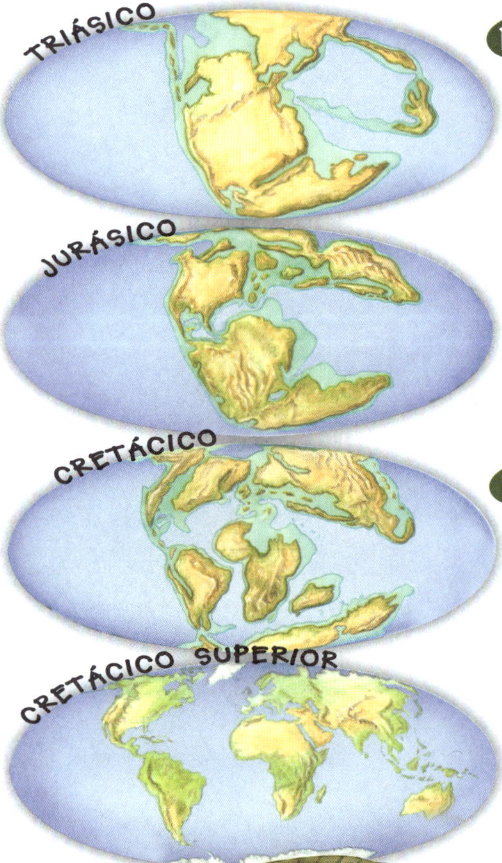

142 El fin de Pangea

El CRETÁCICO comenzó hace 150 millones de años, cuando el supercontinente Gondwana se partió en cuatro continentes más pequeños: África, Sudamérica, la India y la Antártida más Australia. 50 millones de años después Sudamérica comenzó a moverse hacia el oeste alejándose de África, y la India continuó desplazándose hacia Eurasia, al norte, a una velocidad de 15 centímetros al año: parece poco, pero es todo un récord para un continente.

143 Cuando mejor lo estábamos pasando

Sin duda, el CRETÁCICO fue el mejor momento para los dinosaurios: nunca hubo tanta variedad, nunca fueron tan poderosos, tan inteligentes y adaptados, nunca estuvieron en mejores condiciones… que antes de su desaparición.

Tricerátops

144 Los únicos con pico

Los CERATÓPSIDOS («CARA CORNUDA») son un grupo de dinosaurios herbívoros con pico que vivieron en Asia y Norteamérica durante el Cretácico. Son los únicos animales de toda la Historia que han tenido ese pico, el llamado «HUESO ROSTRAL».

145 El Psittacosaurio

La mayoría de los CERATÓPSIDOS **eran cuadrúpedos, pero uno de los primeros andaba sobre dos patas:** el PSITTACOSAURIO o «LAGARTO LORO». Estos dinosaurios del tamaño de una gacela eran muy ligeros y tenían unos dientes bastante curiosos que se afilaban solos.

146 La variedad del Psittacosaurio

Los PSITTACOSAURIOS **vivieron hace 130-100 millones de años.** Se han descubierto ocho especies distintas en China y Mongolia.

Psittacosaurios

147 La piel del Psittacosaurio

Otra de las maravillas del PSITTACOSAURIO **es que ¡sabemos cómo era por fuera!** Se encontró un ejemplar en China tan bien conservado que se veían las escamas pequeñas que tenía entre las más grandes. Incluso se descubrió que en el dorso de la cola tenía pelos largos, plumas primitivas con las que quizás se comunicaba.

Los fabulosos saurios cornudos

148 Los últimos de la cola

El TRICERÁTOPS vivía en manadas, como los búfalos modernos; cuando se descubrió en 1887, los paleontólogos creyeron que se trataba de una nueva especie de búfalo. Fue uno de los últimos dinosaurios y se convirtió en el herbívoro más abundante a finales del Cretácico.

149 El gran Tricerátops

El TRICERÁTOPS («CARA CON TRES CUERNOS») era tan largo como dos mamuts en fila: medía 9 metros de largo y pesaba 7 toneladas y media. Tenía la cabeza más grande que jamás ha poseído un animal terrestre, **un cabezón que podía llegar a medir... ¡3 metros!**

150 No me busques las cosquillas

Muchos fósiles de TRICERÁTOPS han aparecido con huesos rotos y curados: se metían en muchas peleas, porque 7.000 kilos de carne fresca le hacían la boca agua a los carnívoros. Pero los cráneos de Tricerátops siempre aparecen en buen estado: **¡eran durísimos, para que nuestro amigo con cuernos embistiera a sus depredadores!**

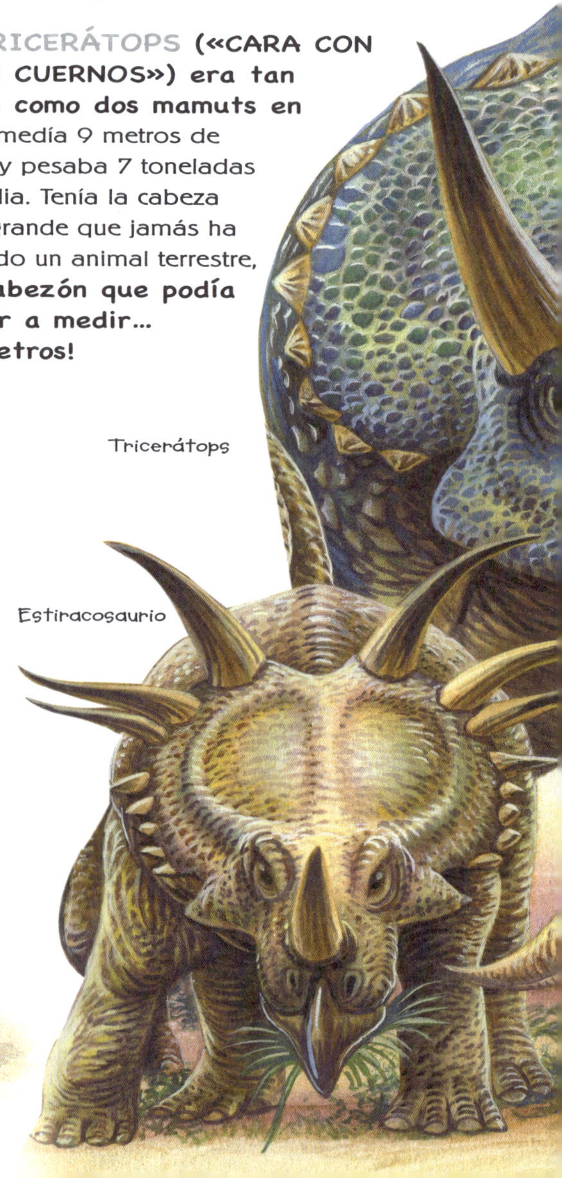

151 Cuernos multiusos

El TRICERÁTOPS tenía dos cuernos de 1,5 metros en la frente y otro cuerno más pequeño sobre la nariz. Tal vez fueran su defensa contra los grandes carnívoros o sirvieran para ligar. Quizás usaran sus cuernos para anclar mejor los músculos de la mandíbula, o puede que los agitaran para comunicarse o para asustar a sus enemigos.

152 Premio al que complete un Tricerátops

Nadie ha encontrado todavía un esqueleto completo de TRICERÁTOPS, pero es un dinosaurio bien conocido a causa de la gran cantidad de fósiles que se han encontrado y que ha permitido ir completando el puzzle.

153 El cuerno al revés

Otro ceratópsido curioso fue el EINIOSAURIO PROCURVICORNIS. El nombre lo dice todo: «LAGARTO BÚFALO CON CUERNO CURVADO HACIA DELANTE». Además de los dos cuernos cortos que coronaban su cresta-escudo, el Einiosaurio tenía un cuerno en la nariz orientado al frente. Por ahora sólo se han encontrado restos en Estados Unidos.

El inefable Iguanodón

154 Iguanodón, el primero de la clase

La primera especie de dinosaurio identificada fue el IGUANODÓN, descubierto en 1822 por el geólogo inglés GIDEON MANTELL. El nombre se lo puso al ver que sus dientes se parecían a los de las iguanas. Unas iguanas con dientes 20 veces más grandes...

155 El pico

El **IGUANODÓN** desgastaba su pico de pato, que nunca paraba de crecerle, royendo las hojas que comía. Si no, habría acabado clavándoselo.

Iguanodontes

156 Altos y bajos

Hay mucha diferencia de altura entre las distintas especies de IGUANODÓN**:** unas, como el IGUANODÓN FITTONI ITALIANO, medían 6 metros y otras, como el IGUANODÓN BERNISSARTENSIS DE BÉLGICA, hasta 13 metros de largo.

157 Un Iguanodón flautista

Durante el Cretácico, buena parte de Europa estaba inundada. Aquel mar interior tenía islas en las que también había dinosaurios, versiones más pequeñas de los dinosaurios de la época. Uno de ellos fue el RHABDODÓN («DIENTES COMO FLAUTAS»), un pequeño IGUANODÓN de «sólo» 2 metros de altura y 12 de largo, que andaba a dos y cuatro patas. Las islas en las que vivió forman hoy parte de España, Francia y Rumanía.

Hypsilofodontes

Iguanodón

Amargasaurio e Hypsilofodonte

158 El dinosaurio de La Amarga

El AMARGASAURIO fue un miembro de una familia de saurópodos de cuello corto. Medía 10 metros de largo, 4 de altura y pesaba 8.000 kilos. Tenía una fila de altas espinas dobles en la espalda. Se descubrió cerca del arroyo de La Amarga, en la provincia argentina de Neuquén.

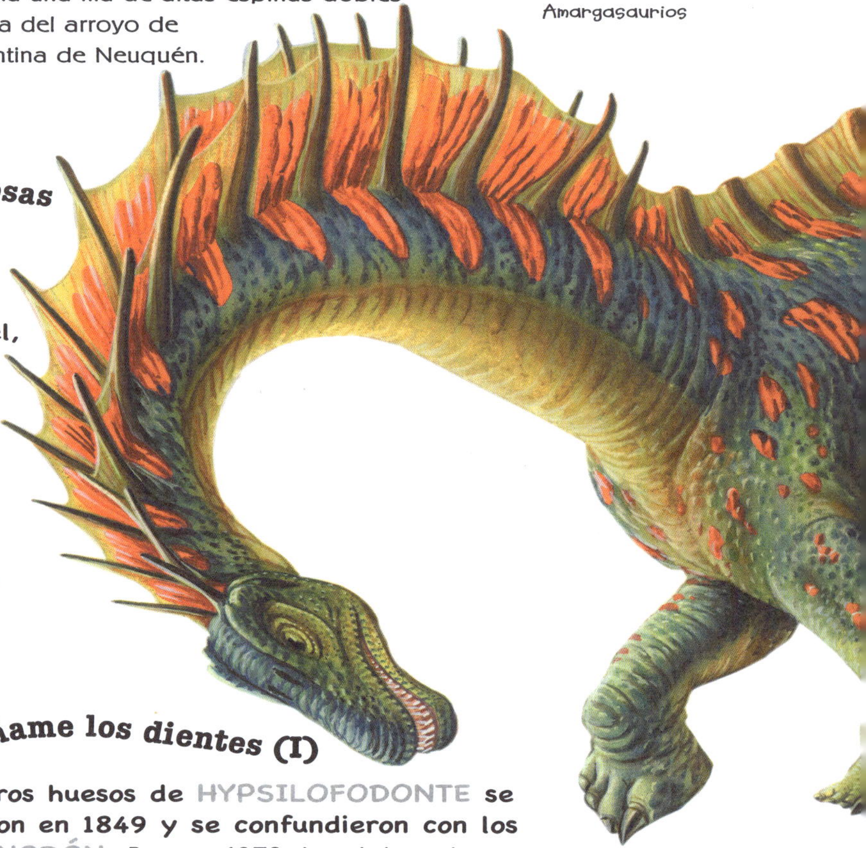

Amargasaurios

159 Velas misteriosas

Seguramente las espinas del AMARGASAURIO estaban recubiertas de piel, así que parecerían unas velas recorriendo la espalda. Como pasa con otros dinosaurios con «velas», como el ESPINOSAURIO o el OURANOSAURIO, es un misterio para qué las querían: **¿para comunicarse?, ¿para refrescarse?**

160 Enséñame los dientes (I)

Los primeros huesos de HYPSILOFODONTE se encontraron en 1849 y se confundieron con los del IGUANODÓN. Pero en 1870 descubrieron las diferencias: el Hypsilofodonte tenía 28 «dientes protuberantes» en forma de hoja y, a diferencia de otros dinosaurios, tenía algo tan simple como unas mejillas que le permitían masticar mejor. Han aparecido restos en España, Portugal, Estados Unidos y la isla de Wight, al sur de Inglaterra.

161 Enséñame los dientes (II)

Masticar continuamente le desgastaba los dientes al HYPSILOFODONTE. Él se los afilaba para estar siempre a punto, y si se le caían, le salía una nueva dentadura.

Hypsilofodontes

Leællynasaurios

162 Conquistando la Antártida

Durante el Cretácico en la Antártida ya empezaba a hacer bastante frío, pero dentro del Círculo Polar Antártico seguían viviendo dinosaurios como el LEÆLLYNASAURIO, un hypsilofodóntido de 2 metros que habitaba una zona de Australia que hace 106 millones de años estaba dentro del Polo Sur.

La familia Hadrosaurio

163 Preparados para el crudo invierno

El invierno y el verano duran mucho más en los polos que en el resto de la Tierra. Es posible que el LEÆLLYNASAURIO no viera el sol durante muchas semanas o meses seguidos, pero la evolución le ayudó: tenía grandes ojos que captaban hasta el más pequeño destello y estaba muy desarrollada la parte de su cerebro que controla la vista, para que viera bien con poca luz.

Mayasaurios

164 Los dinosaurios de pico de pato

Los HADROSÁURIDOS («LAGARTOS ROBUSTOS») fueron una familia de dinosaurios ornitisquios que abundaron en Laurasia y Sudamérica durante el Cretácico. Eran dinosaurios herbívoros medianos y grandes con unos hocicos terminados en una especie de pico de pato. Además en la boca tenían dientes para masticar plantas.

Hadrosaurio

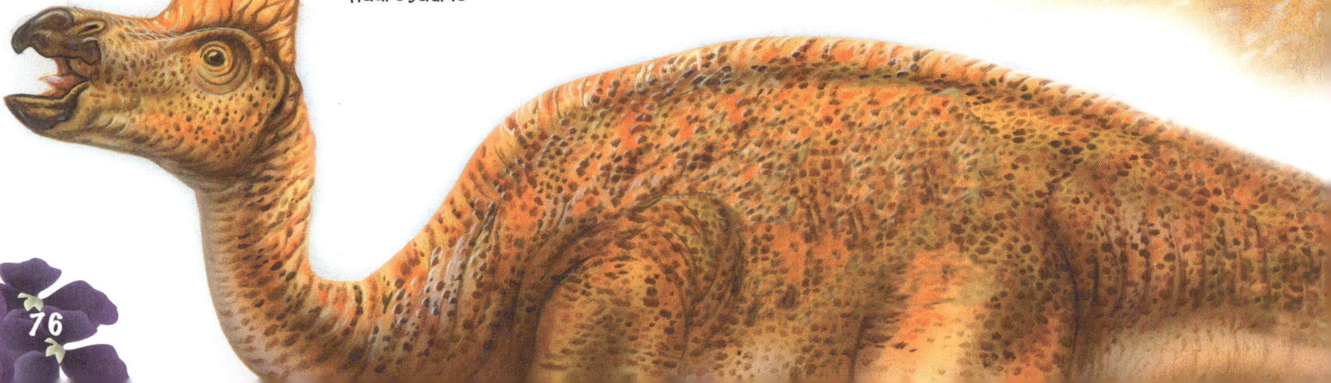

Crías de Mayasaurio

165 El primer dinosaurio en el espacio

En 1995, un fósil de MAYASAURIO se convirtió en el primer dinosaurio en viajar al espacio. Tres años después, el transbordador *Endeavour* se llevó un cráneo de COELOPHYSIS de paseo a la Estación Espacial MIR. Ambos volvieron en buen estado y hoy descansan en el Museo Carnegie de Nueva York.

166 Una buena madre

Hemos estudiado bien las costumbres del MAYASAURIO («LAGARTO BUENA MADRE»), un Hadrosaurio descubierto por el americano JACK HORNER en 1979. El Mayasaurio recibió su cariñoso nombre al encontrarse nidos con cáscaras de huevo, esqueletos de crías y fósiles de hojas, frutas y semillas: es el primer gran dinosaurio conocido que cuidaba a sus hijos cuando eran pequeños.

167 Creciendo rápido

Durante la incubación, los BEBÉS MAYASAURIO medían 50 centímetros; sus huesos eran ligeros y sus patas débiles. Pero los bebés crecían muy rápido: en un mes ya medían 1 metro; con dos años, el Mayasaurio ya medía 3 metros. Y posiblemente crecían tan rápido porque eran animales de sangre caliente.

Paqui, El Paquicefalosaurio

168 Me sienta bien el casco

Hay nombres que le sientan bien al dinosaurio que los lleva. Existen muchos cazadores rápidos, así que cualquiera se habría podido llamar «VELOCIRRAPTOR»; pero ¿conoces muchos reptiles con casco? El PAQUICEFALOSAURIO tenía una cresta baja y redondeada sobre la cabeza. Medía 10 metros de largo y pesaba 4.000 kilos.

169 El casco del Paquicefalosaurio

Todo lo que sabemos de este herbívoro lo hemos sacado de un cráneo y varios de sus durísimos «cascos» aparecidos en Estados Unidos. PAQUICEFALOSAURIO significa «REPTIL DE CABEZA GRUESA», y es que esos cascos eran en realidad un hueso de 25 centímetros de grosor. **¡Más grueso que dos ladrillos!**

170 No en el combate

El PAQUICEFALOSAURIO quizás usaba el «casco» para llamar la atención a las hembras o intimidar a sus adversarios. Pero seguro que no lo quería para atacar a otras criaturas: aunque fuera tan duro, su cuello no era tan resistente y se habría roto las vértebras si lo hubiera utilizado como los cuernos de un carnero.

Paquicefalosaurios

171 Un demonio con casco

Un pariente del PAQUICEFALOSAURIO fue el STYGIMOLOCH, el «DEMONIO DEL RÍO DEL INFIERNO». Vivió plácidamente al final del Cretácico comiendo plantas y refugiado en rebaños para protegerse de los TIRANOSAURIOS. Si era tan tranquilo, **¿por qué tiene un nombre tan terrible?** Porque su «casco» estaba rodeado por seis largas púas como cuernos que le daba un aspecto demoniaco.

Stygimoloches

Patos submarinistas

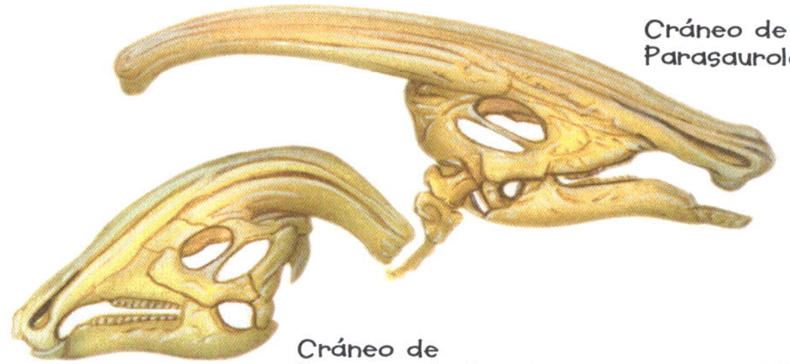

172 Los hadrosáuridos: toda una familia

El primer CORITOSAURIO se encontró en 1912 en Canadá: fue importante porque tenía además trozos de piel fosilizada adherida, algo insólito. A su lado se encontraron otros fósiles, como el PARASAUROLOPHUS, el LAMBEOSAURIO o el GRYPOSAURIO. Eso indica que los Coritosaurios debían de convivir en manadas con otros hadrosáuridos.

173 Otra víctima de la guerra

Aquel primer CORITOSAURIO no tuvo un final feliz. En 1916, durante la Primera Guerra Mundial, el barco que se los llevaba a Inglaterra fue hundido por un crucero de guerra alemán, el SMS Möwe. Sus dinosaurios siguen en el fondo del océano Atlántico, a la espera de que algún día les rescaten.

Parasaurolophus

174 Un dinosaurio submarinista (I)

El PARASAUROLOPHUS es uno de los dinosaurios de pico de pato más extraños. Tenía una enorme cresta-tubo sobre la cabeza que sobresalía por detrás: medía casi 2 metros y estaba conectada a la nariz. Le servía para respirar cuando se sumergía en el agua, lo que le gustaba mucho, y para hacer ruidos como de trombón para comunicarse.

175 Un dinosaurio submarinista (II)

El nombre del PARASAUROLOPHUS significa «PARECIDO AL SAUROLOPHUS», en referencia a otro dinosaurio que vivió en aquellos tiempos. Podía caminar a dos o a cuatro patas: prefería la segunda forma cuando comía, pero si hacía falta correr se alzaba sobre los cuartos traseros. Medía 10 metros de largo, unos 5 metros de alto y pesaba 3.500 kilos.

176 El mayor pato del mundo

En Canadá, Estados Unidos y México se han encontrado fósiles del mayor HADROSÁURIDO y el mayor ornitisquio de la Tierra: el LAMBEOSAURIO. ¡Medía hasta 16 metros! Tenía una cresta como la del PARASAUROLOPHUS y, como éste, también podía caminar a dos patas. Le puso su propio nombre LAWRENCE LAMBE, uno de los primeros paleontólogos de Canadá.

El ataque de los Gallimimus

177 El último pico

Hace 65 millones de años vivió en Norteamérica el último hadrosaurio de la historia, un ornitópodo de 11 metros de largo con un gran pico llamado ANATOTITÁN: «PATO GIGANTESCO», **¡cómo no!** Un par de ejemplares perfectamente conservados os esperan en el Museo de Historia Natural de Nueva York.

Gallimimus

Ornitomímidos

178 Gallimimus a la carrera

Los ORNITOMÍMIDOS eran dinosaurios que se parecían a las aves en varias cosas: tenían el cuello largo, garras afiladas, pocos dientes y una forma parecida a la de los pájaros corredores, como el AVESTRUZ. Un buen ejemplo: el GALLIMIMUS («IMITADOR DE GALLINA»), que corría a 60 km/h por el desierto de Gobi, en Mongolia. **¡En muchas ciudades actuales le hubieran multado por ir tan rápido!**

179 Gallimimus: datos prácticos

El GALLIMIMUS fue descubierto en 1970 y le pusieron nombre tres paleontólogos. Medía hasta 6 metros de largo y pesaba menos de 450 kilos gracias a que tenía los huesos huecos: necesitaba ser ligero si quería correr tanto.

Velocirraptor

180 La sorprendente boca del Gallimimus

Al comparar el pico del GALLIMIMUS con el de las TORTUGAS y algunos pájaros de las marismas como los FLAMENCOS, se ha descubierto que con él filtraba animales diminutos y agua, ayudándose con la lengua. Así que era un carnívoro muy poco convencional.

El imparable Anquilosaurio

181 Un tanque cretácico

Aún no hemos encontrado ningún esqueleto completo, pero a pesar de ello el ANQUILOSAURIO («LAGARTO ACORAZADO») es muy importante dentro de los dinos tireóforos: es el fundador de un género de cuadrúpedos con el cuerpo blindado por pesadas placas y un mazo de hueso en la cola. De todos ellos, el ANQUILO fue el mayor, ya que llegaba a medir hasta 9 metros de largo.

Anquilosaurio

182 Las defensas

Todo el cuerpo del ANQUILOSAURIO estaba cubierto de duras placas de hueso como las de los cocodrilos. Además, los huesos de su cráneo y de otras partes del cuerpo estaban fusionados entre sí, para que fueran muy difíciles de partir.

183 El cuerpo

A pesar de sus impresionantes defensas, el ANQUILOSAURIO también tenía unas escamas duras y redondeadas, que le protegían la parte superior del cráneo, y cuatro largos cuernos piramidales, que apuntaban hacia atrás.

184 La cola y la maza

Incluso así, algún valiente podía atreverse a probar suerte. La mejor defensa es un buen ataque y el ANQUILOSAURIO también podía atacar: su cola terminaba en un pesado y duro conjunto de huesos, que podía mover como quisiera. Con un golpe de esta maza podía romperle los huesos al contrario.

Anquilosaurios

185 Vaya nombre

Un pariente del ANQUILOSAURIO fue el MINMI. Curioso nombre, ¿verdad? Se llama así porque sus restos aparecieron en un lugar de Australia llamado Minmi Crossing, donde vivió hace 119-113 millones de años.

186 Placas diferentes

El MINMI también tenía armadura en la cabeza, la espalda, el abdomen, las piernas y la cola. Pero además tenía placas de hueso del tamaño de un CD a lo largo de las vértebras, que le daban un poco de protección extra.

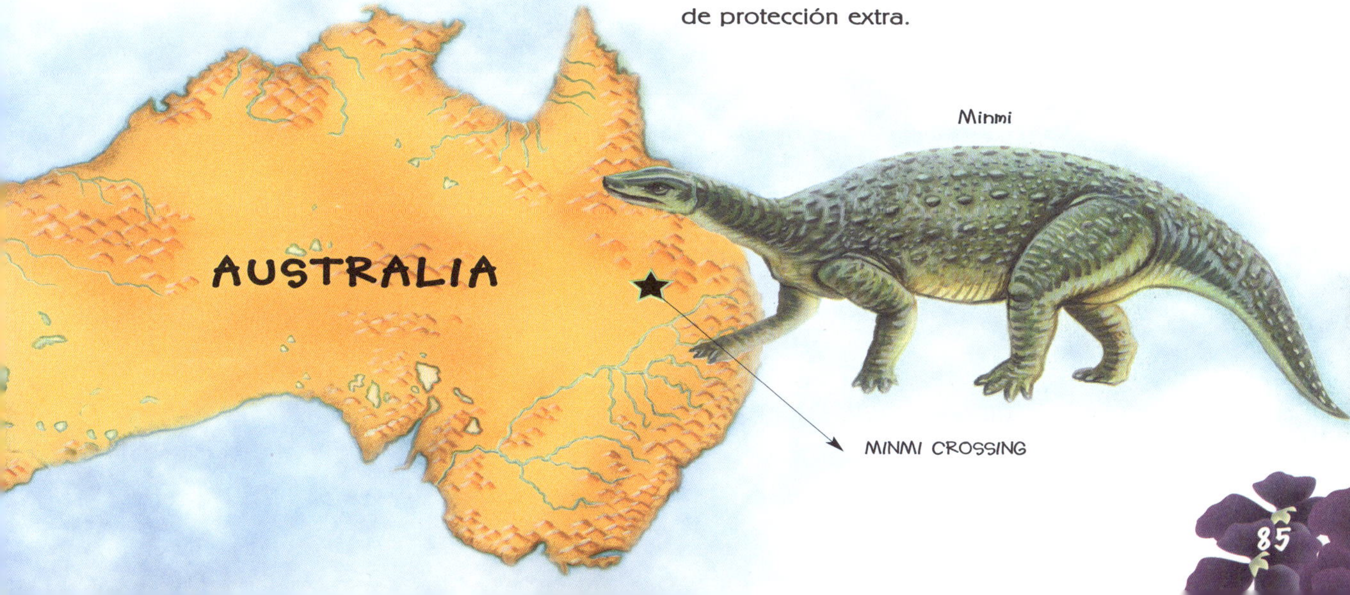

Minmi

187 El nombre más corto

Actualmente el dinosaurio con el nombre más corto es el **MEI**, un diminuto carnívoro que tiene el mismo tamaño que un pato. Lo encontraron en China con la cara bajo el brazo, la postura que usan las aves para dormir. El nombre completo de este animal es **MEI LONG**, que significa **«DRAGÓN PROFUNDAMENTE DORMIDO»**.

Shhh, no despiertes al dragón...

188 Los saurópodos cretácicos

En el Cretácico los SAURÓPODOS siguieron evolucionando: los depredadores TERÓPODOS se hicieron más temibles y los CERATÓPSIDOS defendían muy bien su territorio, así que ya no era una ventaja el ser tan grande, entonces los saurópodos se hicieron más pequeños.

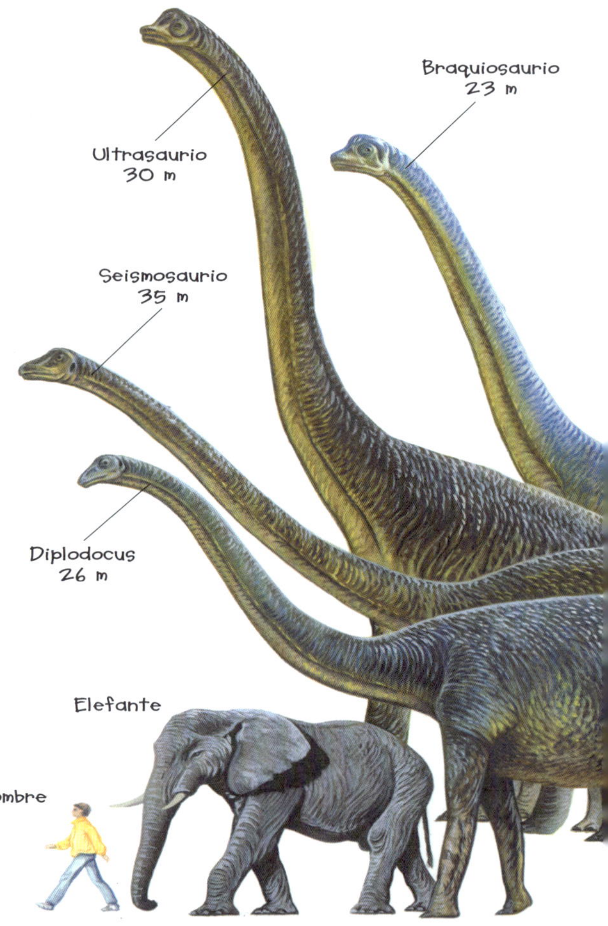

189 En el norte

Los SAURÓPODOS encontraron mucha competencia por la comida en el hemisferio norte. Pero siguieron existiendo grandes dinosaurios como el mongol OPISTHOCOELICAUDIA (que endureció la cola para ayudarle a levantar sus 30 toneladas) o el ALAMOSAURIO americano, el último gran saurópodo.

190 En el sur

La vida en el sur fue más fácil. Durante el Cretácico nacieron los mayores dinosaurios de todos: el ARGENTINOSAURIO y el difícil de pronunciar BRUHATHKAYOSAURIO, de la India, y más difícil aún de levantar, ya que si se confirma la investigación de su descubridor podía pesar **¡más de 180 toneladas!**

El terrorífico T-REX

191 El rey tirano

Tiranosaurio

Los TIRANOSAURIOS **(«REPTIL TIRANO») vivieron en el oeste de Norteamérica a finales del Cretácico.** El nombre se lo puso el paleontólogo HENRY F. OSBORN al quedar impresionado por el tamaño y los afilados dientes de un fósil que encontró en 1908.

192 ¡Qué miedo!

¡Mucho! ¿A ti no te asustaría un reptil de 12 metros y 7 toneladas husmeando entre el follaje de la selva cretácica? La cabeza del TIRANOSAURIO medía más de 1 metro, y si se le rompía un diente, le volvía a crecer. Algunos de sus huesos estaban huecos: la mayor parte de su esqueleto seguía siendo fuerte, pero al mismo tiempo podía moverse con agilidad.

Pudes comparar un diente de un humano con uno del Tiranosaurio rex.

193 Un misterio muy popular

Sólo se han encontrado 30 fósiles de TIRANOSAURIO REX en todo el mundo, y apenas tres cráneos. Vivió sólo tres millones de años, hasta la extinción de los dinosaurios, pero es el animal prehistórico más famoso y el que más veces aparece en películas, novelas y dibujos animados.

Cráneo de un Tiranosaurio

194 La dentadura del T-Rex

Los dientes del TIRANOSAURIO medían 20 centímetros y eran su principal arma para debilitar a sus presas. Aunque no eran demasiado puntiagudos, el Rex lanzó los mordiscos más poderosos de la Historia, con una fuerza suficiente para triturar un coche. Por eso tenía los brazos tan pequeños: **¡no los necesitaba para cazar!**

195 ¿Qué comía el T-REX?

No está claro todavía si el TIRANOSAURIO le hincaba el diente a algún cadáver cuando tenía la ocasión. Pero seguro que no fue exclusivamente carroñero: **¿quieres una prueba?** Se encontró un fósil de TRICERÁTOPS que había sido mordido por un Rex: el herbívoro había llegado a curarse tras la pelea, así que está claro que al Tiranosaurio le gustaban las presas vivitas y corneantes.

El Cretácico peligroso

Tiranosaurio

196 La velocidad del Tiranosaurio

Además de su esqueleto parcialmente hueco, el REX tenía unos músculos muy fuertes en las patas traseras: todo eso le permitía alcanzar hasta los 70 km/h, corriendo un gran riesgo, porque si tropezaba a esa velocidad sus 6 toneladas se estrellarían contra el suelo. En cualquier caso, no importa demasiado: incluso si el Tiranosaurio podía correr tanto, es seguro que sus presas (pesados herbívoros) no lo hacían.

197 ¿Tiranosaurio o... Manospondylus?

HENRY OSBORN llamó TIRANOSAURIO a un fósil que halló en Colorado. Años atrás EDWARD COPE ya había descubierto dos vértebras de ese animal, pero lo bautizó MANOSPONDYLUS GIGAS. En Zoología es válido sólo el primer nombre que se le pone a un animal, excepto si ese nombre no se ha usado desde 1899 y el segundo ha aparecido publicado con frecuencia. Así es como el Tiranosaurio le quitó la corona al Manospondylus.

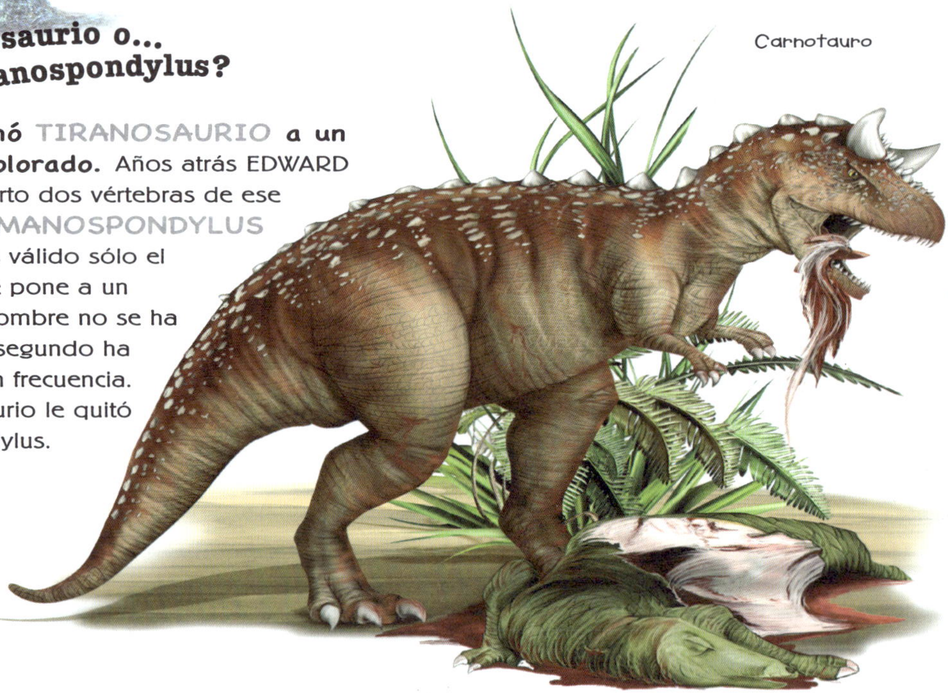

Carnotauro

198 Colonias de Saltasaurios

Salta es un lugar de la helada Patagonia argentina. Imagina una gran manada de animales acurrucados para protegerse del frío con el calor corporal de todos... Podrían ser pingüinos o focas, pero son dinosaurios de 12 metros de largo y 25 toneladas: los SALTASAURIOS, que cuidaban de sus crías hasta que eran casi adultas.

199 ¡Ole, Carnotauro!

El CARNOTAURO («TORO CARNÍVORO»), un terópodo de tamaño medio, pasará a la Historia por sus dos cuernos de toro. Por impresiones de su piel que se conservan, sabemos que la tenía llena de bultos, que aumentaban cerca de la cola.

200 Un asunto espinoso

Además de la protección que le ofrecía su tamaño y el grupo, el SALTASAURIO tenía otras defensas. Podía utilizar su cola como látigo, en el lomo y los costados tenía escudos de hueso y de las vértebras del cuello le salían largas púas. Un bocado que se le podía atragantar a cualquier depredador...

Los dinosaurios egipcios

201 Un dragón egipcio

Hablando de dinosaurios espinosos, el ESPINOSAURIO, encontrado en Egipto y Marruecos, es uno de los dinosaurios más raros que se conocen: era como un TIRANOSAURIO delgado con cabeza de cocodrilo, dedos largos con enormes garras y una cresta espinosa de dragón en la espalda.

Espinosaurios

202 El carnívoro que comía pescado

Y a pesar de todo eso, el ESPINOSAURIO, el mayor dinosaurio carnívoro de la Tierra (¡hasta 17 metros, tan largo como cuatro coches en fila india!), con un cráneo en el que cabrías entero, no debería darte demasiado miedo. La forma de sus dientes indica que se alimentaba, principalmente, de pescado.

203 Dientes de tiburón

Si no hubiera sido por que sólo le gustaba el pescado, el ESPINOSAURIO se hubiera enfrentado con otro enorme terópodo: el CARCHARODONTOSAURIO, que también vivió en el norte de África hace de 113 a 97 millones de años. Su nombre significa «DINOSAURIO CON DIENTES DE TIBURÓN».

204 Se atrevía con todo

Algo más grande y pesado que el TIRANOSAURIO americano, con garras afiladas en los tres dedos de sus manos y dientes como puñales, el CARCHARODONTOSAURIO era un depredador absoluto que se atrevía incluso con las mayores presas del mundo: los SAURÓPODOS.

Carcharodontosaurio

205 Destruido

El primer fósil de CARCHARODONTOSAURIO, encontrado por CHARLES DEPÉRET en 1927, fue destruido por los bombardeos sobre Múnich durante la Segunda Guerra Mundial. Depéret creyó que era un MEGALOSAURIO, hasta que el BARÓN ERNST STROMER VON REICHENBACH, descubridor de los DINOSAURIOS EGIPCIOS, le sacó de su error.

Monstruos en el nido

Daspletosaurio

206 Garras en los pies

Algunos terópodos, como el temible DASPLETOSAURIO («HORRIBLE LAGARTO CARNOSO») tenían, además de eficaces colmillos, fuertes garras en los pies. Las utilizaban cuando cazaban, pero no para atacar a sus víctimas, sino para agarrarse mejor al suelo y dar mordiscos más fuertes, capaces de matar a la presa de un solo golpe.

Therizinosaurio

207 La garra es de...

En 1998 se encontró en la Patagonia una enorme garra curva de 30 centímetros y creyeron que pertenecía al pie de un DROMEOSÁURIDO. Pero en 2004, JORGE CALVO desenterró un brazo completo de MEGARRAPTOR y descubrió que la garra pertenecía a su mano y no al pie de un Dromeosáurido.

208 Las garras del Therizinosaurio

10 metros de largo, 3.000 kilos de peso, cuello largo, barriga grande y cabeza pequeña: el THERIZINOSAURIO parece un saurópodo, pero era un terópodo. Su nombre significa «LAGARTO GUADAÑA», por las larguísimas garras de sus manos, que usaba para conseguir las mejores ramas... Porque en contra de la norma familiar, el Therizinosaurio era **¡un terópodo herbívoro!**

209 Os equivocasteis de huevos

En 1924 el legendario paleontólogo ROY CHAPMAN ANDREWS descubrió un fósil en Mongolia: estaba sentado sobre un nido de PROTOCERÁTOPS, así que lo llamó OVIRRAPTOR («LADRÓN DE HUEVOS»). Pero Chapman se equivocaba: los huevos también eran de Ovirraptor. El fósil que encontró no los robaba, **¡los estaba empollando como una gallina!**

Ovirraptor

210 Bultos y sordera

Otro dinosaurio argentino, el AUCASAURIO, tenía el cuerpo cubierto de bultos que le protegían de algunos cortes y golpes. Era bastante sordo, así que sólo podía confiar en su vista y su olfato para capturar a sus presas.

Los más extraños

Troodon

211 Troodon, el listo de la clase

Es difícil medir la inteligencia de los dinosaurios, pero podemos fijarnos en cuáles tenían un cerebro grande y un cuerpo pequeño. El TROODON («DIENTE QUE HIERE») cumple bien esa condición: medía 2 metros, pesaba sólo 50 kilos y tenía buena memoria, lo que le permitía aprender de sus errores.

212 Cerca y lejos

El cerebro del TROODON estaba tan desarrollado que incluso tenía visión binocular: es decir, veía en 3 dimensiones y tenía sensación de profundidad. La mayoría de los dinosaurios, en cambio, no sabían si algo estaba lejos o simplemente era pequeño.

213 Cómo dormían

Gracias a un fósil de TROODON, sabemos que los dinosaurios dormían como los pájaros: con la cabeza escondida bajo el brazo **(algo que confirmó el pequeño Mei de la curiosidad 187)**. Les ayudaba a mantener la cabeza caliente por la noche.

Baryonyx

214 Grande y desgarbado

El BARYONYX («GARRA PESADA») es un carnívoro de miembros muy extraños: la forma de su pelvis es ideal para andar a dos patas, pero tenía los brazos tan largos y fuertes que debía de pasar mucho tiempo a cuatro patas; además tenía grandes garras curvas en las manos, por lo que tenía que ser un temible cazador.

215 ¿Un cocodrilo?

Más rarezas: el largo cuello del BARYONYX no se doblaba. El cráneo estaba conectado en un ángulo raro y en su boca de COCODRILO cabían 96 dientes, el doble que los del resto de terópodos.

Baryonyx

Eorraptor

216 ¡Es la hora de los raptores!

El primer dinosaurio conocido fue el EORRAPTOR. En el Cretácico también hubo raptores. Muchos raptores, raptores por doquier: los dromeosáuridos se multiplicaron y extendieron sus garras por todo el mundo.

Velocirraptor desatado

217 El dino más peque

Empecemos por un raptor chiquitito: el pequeño MICRORRAPTOR CHINO. Con 60 centímetros de largo, era el peque de la familia y uno de los dinosaurios más diminutos. Vivía en los árboles y es posible que pudiera planear con su cuerpo recubierto de plumas: así podía atacar a sus presas desde arriba. **¡Pequeño, pero matón!**

Velocirraptor

218 Velocirraptor: el rey de las uñas

El VELOCIRRAPTOR **es el dromeosáurido más famoso.** Pesaba unos 20 kilos y era tan grande como una persona, aunque la mitad de su cuerpo era cola. Como una GALLINA con cola de FAISÁN, aunque ya quisieran los gallos un espolón como la uña de las patas del Velocirraptor, con la que cortaba sus presas.

219 En plena lucha

Los primeros fósiles de VELOCIRRAPTOR que se encontraron eran apenas unos restos: el cráneo y una garra. Pero el fósil más espectacular lo desenterró en 1971 una expedición polaco-mongola que no se creía lo que estaba viendo: se trata de un Velocirraptor en plena lucha contra un PROTOCERÁTOPS. Ambos murieron mientras estaban enzarzados en su pelea.

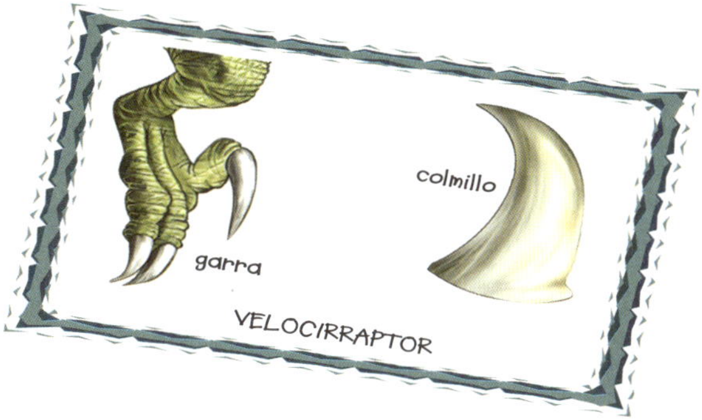

220 Una máquina de cazar

Aunque se parecía mucho al VELOCIRRAPTOR, el DEINONYCHUS («GARRA TERRIBLE») era el doble de grande. Su descubrimiento indicó que tenía una intensa actividad cazadora y abrió la posibilidad de que los dinosaurios tuvieran sangre caliente.

El fin de los dinos

221 El lagarto emplumado

Desde su nombre (que significa «LAGARTO-PÁJARO LADRÓN») ya nos damos cuenta de que el SAURORNITHOLESTES fue un reptil bastante peculiar: puede que tuviera plumas por todo el cuerpo y unas patas más largas que las del VELOCIRRAPTOR. La mayoría de sus fósiles se han recuperado en Alberta (Canadá), donde fue el pequeño depredador más frecuente hace 120 millones de años.

Ornitholestes

Bambirraptor

222 El Bambirraptor

El dinosaurio que encontraron en Kansas y Nueva Orleans en 1995 era tan fino que no me extraña que le acabaran poniendo el nombre del cervatillo de Disney. Y aunque era tan delicado, el esqueleto estaba tan bien conservado que nos permitió saber, por ejemplo, que el BAMBIRRAPTOR podía mover muy bien las manos e incluso llevarse la comida a la boca, como los mamíferos.

223 Aquiles y sus garras

«BATOR» es una palabra mongola que significa HÉROE. Y el héroe más famoso de la Antigua Grecia era AQUILES: si juntamos las dos palabras nos sale ACHILLOBATOR, un dromeosáurido con un gran tendón de Aquiles, que le permitía usar las enormes garras de las patas posteriores.

224 La EXTINCIÓN de los dinosaurios

Ya no quedan REPTILES de 20 metros en nuestros valles. Los dinosaurios se extinguieron en algún momento hace 65 millones de años: no se murieron todos de golpe, pero algo (los científicos todavía no están seguros de qué pudo ser) hizo que, poco a poco, los dinosaurios fueran desapareciendo.

Meteoritos y volcanes

225 La extinción por meteoritos

En 1980 WALTER ÁLVAREZ dijo que hace 65 millones de años cayó un gran meteorito en algún lugar del planeta que levantó una inmensa nube de polvo, lo que provocó un largo efecto invernadero que cambió el clima. Los dinosaurios no se adaptaron y murieron, mientras que los mamíferos o las aves siguieron adelante. Ésa ha sido la teoría principal durante muchos años.

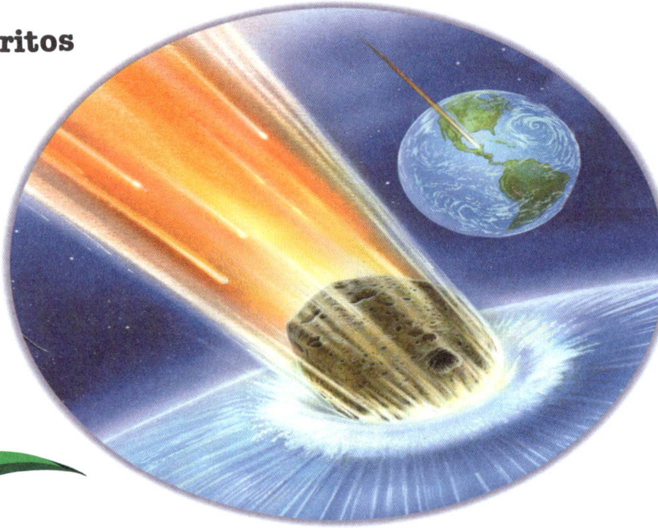

226 Restos de meteoritos

No sabemos con seguridad si un meteorito cambió el clima y eso acabó con los dinosaurios. Actualmente hay tres grandes cráteres de meteoritos que podrían haber extinguido a los dinos: uno en el golfo de México, otro encontrado hace poco en Canadá y un tercero, de grandes dimensiones, en la India.

¿Y tú qué crees?

227

La extinción por volcanes

La segunda gran teoría dice que el cambio climático llegó poco a poco: comenzaron a estallar volcanes por todo el mundo, y a finales del Cretácico se acumuló una capa de cenizas y gases en el cielo que no dejaba pasar los rayos de sol.

228

¿Los dinos se extinguieron?

Pero, ¿los dinosaurios murieron hace millones de años? No del todo. Hoy quedan descendientes de los dinosaurios, animales que se adaptaron a los terribles cambios. Pasaron a ser más pequeños y por eso necesitaban menos comida. En realidad, quedan MILLONES de dinosaurios en el mundo. **Incluso puede que tengas uno en casa, porque los descendientes de los dinosaurios son... los pájaros.**

El alado Arqueoptérix

229 La cadera equivocada

En el capítulo 1 dijimos que la cadera de los SAURISQUIOS se parecía a la de los LAGARTOS, y la de los ORNITISQUIOS a la de las AVES. Pero el parecido era una casualidad porque, **¡sorpresa!,** los pájaros evolucionaron de los saurisquios.

Arqueoptérix

230 «Pajarosaurios»

Las primeras aves evolucionaron de dinosaurios con plumas: todo empezó 85 millones de años antes de la Gran Extinción, cuando aparecieron dinosaurios con pelos (como el SINOSAUROPTÉRIX) y luego otros con plumas (como los RAPTORES), que les ayudaban a retener el calor corporal. A finales del Jurásico apareció una especie de pájaro-reptil: el ARQUEOPTÉRIX («ALA ANTIGUA»), el fósil de ave más antiguo que se conoce.

Arqueoptérix

231 ¿Cómo era el Arqueoptérix?

Sólo se han encontrado 10 ARQUEOPTÉRIX hasta ahora. Del primero sólo apareció una pluma en 1861: es muy difícil sacar conclusiones sobre este fascinante animal. **¿Podía volar o sólo planeaba?** Sabemos que este abuelo de los pájaros medía 35 centímetros (como un cuervo), tenía garras y dientes (como los reptiles), una larga cola huesuda y plumas, alas y espolón (como un gallo).

232 Papá Compi

El antepasado más directo conocido del ARQUEOPTÉRIX es el COMPSOGNATHUS.

Giganotosaurus

233 No avianos

Ya que, siendo precisos, los PÁJAROS también son DINOSAURIOS, cuando los científicos se refieren a los dinosaurios-reptiles los llaman «DINOSAURIOS NO AVIANOS». De hecho, los pájaros son dinosaurios TERÓPODOS (aunque hoy día no todos sean carnívoros), del mismo grupo al que pertenecen los VELOCIRRAPTORES.

¿Pájaros o reptiles?

234 Aves y dromeosáuridos

Tanto los PÁJAROS **como los** DROMEOSÁURIDOS **tenían los brazos y manos alargadas,** los huesos de la muñeca en forma de media luna, las clavículas unidas en una fúrcula, la mayor parte de la cola rígida y sobre todo el pubis orientado hacia atrás. ¡Ah!, y casi todos tenían garras curvas y plumas.

235 Un dinosaurio volador

¿Es posible que un dinosaurio volara mejor que un pájaro? Pues sí. El misterioso CRYPTOVOLANS se movía por los aires mejor que el ARQUEOPTÉRIX: tenía plumas hechas para volar tanto en los brazos como en las piernas. Puede que los dinosaurios como el DEINONYCHUS descendieran de este as del cielo.

236 Esas garras, esos dientes... ¿Y era un pájaro?

El colmo de la sorpresa es que un grupo de investigadores cree que todos los DROMEOSÁURIDOS (Velocirraptores, Deinonychus, Cryptovolans, etc.) estaban más evolucionados que el ARQUEOPTÉRIX. Eso significaría que eran dinosaurios avianos... Es decir, **¡que ya eran pájaros!** Aunque la mayoría incapaces de volar, como los AVESTRUCES.

237 Los Alvarezsáuridos

Los ALVAREZSÁURIDOS son una enigmática familia de dinos de menos de 2 metros, con largas patas y emparentados con las AVES y los ORNITHOMIMUS. Aparecieron en Argentina y también se han encontrado en Mongolia y Rumanía. Gracias al microscopio electrónico, sabemos que algunos tenían plumas.

238 El Mononykus

El MONONYKUS («UNA SOLA GARRA»), un Alvarezsáurido, representa una de las conexiones entre dinosaurios y aves. Sus cortos miembros delanteros parecían más alas cortitas que brazos, porque, como dice su nombre, **¡sólo tenía un dedo y una uña en cada mano!**

¡Adiós, Cretácico!

239 ¿Para qué quiero una sola garra?

Arqueoptérix

El SHUVUUIA DE MONGOLIA («SHUVUU» significa PÁJARO en mongol) sólo tenía una garra al final de sus brazos... ¡Ni siquiera un dedo! ¿Lucharía con ella contra el VELOCIRRAPTOR? ¿La usaría al aparearse? ¿Para cazar presas pequeñas? ¿O para abrir nidos de termitas? Es todo un misterio.

Phorusracus

240 El Rahonavis

La división entre pájaros y dinos se difumina todavía más con el RAHONAVIS («AVE AMENAZADORA»), un carnívoro emplumado de hace 80-70 millones de años: era un dromeosáurido del tamaño del ARQUEOPTÉRIX, con garras como las del VELOCIRRAPTOR.

Diatryma

241 ¿Quién dominó el planeta después?

Diatryma

El siguiente depredador que dominó la Tierra apareció 10 millones de años tras la extinción de los dinosaurios, y a estas alturas no te sorprenderá que fuera un pájaro de 2 metros, incapaz de volar, llamado en Europa GASTORNIS («PÁJARO DE GASTON», por GASTON PLANTÉ, su descubridor) y DIATRYMA («CANOA», por la forma de su grueso pico) en América. A su familia de pájaros gigantes la llaman las «AVES DEL TERROR».

Tiranosaurio rex

242 La extinción

Cuando los dinosaurios no avianos se extinguieron, los mamíferos conquistaron rápidamente todos los continentes. Destacaron los marsupiales, como los canguros, los creodontos, como el MEGISTOTHERIUM (el mayor mamífero depredador terrestre de la Historia), roedores, cetáceos, elefantes primitivos, bueyes, camellos, caballos, rinocerontes y tapires.

Dimorphodontes

Diatryma

Oro parece, plata no es

243 Los vecinos de los dinos

Durante 150 millones de años los dinosaurios caminaron por la Tierra. Los seres humanos sólo llevamos aquí 3 o 4 millones de años y hemos convivido con un sinfín de especies distintas: otros mamíferos, peces, reptiles, insectos... Tampoco los dinos estuvieron solos.

244 Por tierra, mar y aire

Es fácil confundir con los dinosaurios a muchos de los animales que coincidieron con ellos, porque se parecían un poco. Recuerda: aunque alguno supiera nadar o volar, los dinosaurios pasaban la mayor parte del tiempo en el suelo. Otros reptiles conquistaron los cielos y los océanos.

245 Pterosaurios (lagartos con alas)

Comencemos por los voladores: la palabra PTEROSAURIO («REPTIL CON ALAS») define a varios reptiles, de tamaños y formas diversas, del Mesozoico. Aparecieron junto a los dinosaurios y se extinguieron con ellos. Los pterosaurios fueron los primeros vertebrados en aprender a volar: antes sólo volaban los insectos.

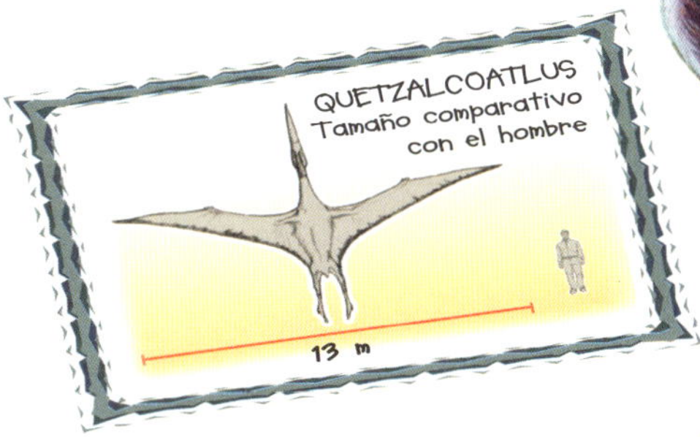

246 Un dedo gigantesco

Los PTEROSAURIOS tenían un cuarto dedo en las manos, que era muy importante para mantenerlos en el aire. Algunos eran muy grandes, y todo su cuerpo estaba recubierto por una piel lisa. **¿Cómo podían volar sin plumas?**

Quetzalcoatlus

247 Para ser piloto hay que estudiar

El cerebro de los PTEROSAURIOS estaba más desarrollado que el de otros dinosaurios. Eran muy listos, cazaban y se defendían en el aire con un control impresionante de todos sus movimientos.

Pteranodón

Los señores del aire

248 Mis-pterios por resolver

Se conocen más de 60 especies de PTEROSAURIOS, pero los arqueólogos todavía se hacen muchas preguntas: ¿podían estirar las alas? ¿Se unían siempre las membranas a las patas traseras? ¿Tenían pies palmeados para volar mejor o porque nadaban como los patos? No pierdas la esperanza: algún día responderemos estas preguntas.

249 Por fin puedo volar

El PETEINOSAURIO fue uno de los primeros PTEROSAURIOS que empezó a volar: vivió en los Alpes hace 220 millones de años. Tenía los dientes en forma de cono y comía insectos en pleno vuelo. Pesaba sólo 100 gramos (como un gatito recién nacido) y medía 60 centímetros con las alas extendidas; su cola hacía de timón.

250 ¿Piloto o marinero?

El italiano COSMO ALESSANDRO COLLINI encontró en 1784 el primer fósil de PTERODÁCTILO: creyó que se trataba de un animal marino, pero 25 años después el francés GEORGES CUVIER descubrió que era un reptil volador y le puso nombre. Se han desenterrado Pterodáctilos en Europa y África, y hoy es el PTEROSAURIO que mejor conocemos.

Fósil de un Pterosaurio

251 Ligero, ligero

El PTERODÁCTILO era del tamaño de un gato grande con unas alas de entre 50 centímetros y 1 metro. Sólo pesaba 2 kilos gracias a sus huesos huecos: para volar hay que pesar muy poco. Tenía la cabeza pequeña y un pico con dientes, y pescaba en los lagos, junto a los que anidaba su manada.

Pterodáctilo

Rhamphorhynchus

252 Vuelo rasante

El RHAMPHORHYNCHUS («PICO EN EL HOCICO») tenía el tamaño de un PTERODÁCTILO, con una cola bastante más larga. Probablemente pescaba mientras volaba y acumulaba los peces en una bolsa en el pico como la del pelícano.

Pterosaurios a montones

253 Los dientes, de dos en dos

El DIMORPHODÓN **(«DIENTES DE DOS FORMAS») es un Pterosaurio inglés de hace 200 millones de años,** que tenía unas alas de 1,20 metros, el pico muy grueso, como los TUCANES, y dientes de dos tipos distintos. Eso es algo muy raro en los reptiles, que suelen tener todos los dientes iguales.

Dimorphodón

Tucán actual

254 Vaya dientes

Uno de los Pterosaurios más peculiares fue el CTENOCHASMA **(«MANDÍBULA PEINE»).** Su extraño nombre se debe a que este reptil volador jurásico tenía más de 250 finos dientes, con los que filtraba la comida de forma parecida a las barbas de las ballenas.

255 Bocas a elegir...

Hay otros Pterosaurios a los que reconocemos por la dentadura, como el EUDIMORPHODÓN**,** que se distingue por su boca: los machos y las hembras la tienen diferente.

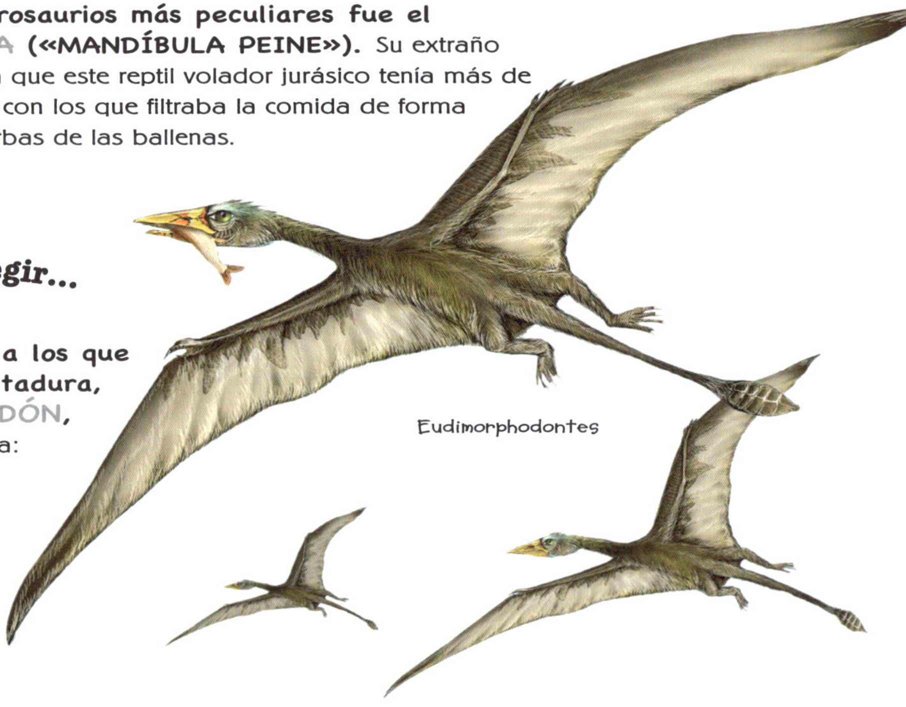
Eudimorphodontes

256 PTERANODONTES

Uno de los reptiles voladores clásicos es el PTERANODÓN («CON ALAS, SIN DIENTES»): este PTEROSAURIO vivió hace 85 millones de años, alimentándose de peces que capturaba con su largo pico con bolsa, como el RHAMPHORHYNCHUS. No tenía ni un diente, como los pájaros modernos, lo que lo hacía muy especial entre todos los Pterosaurios. Sus alas eran enormes: el Pteranodón medía hasta 9 metros de punta a punta.

Pteranodón

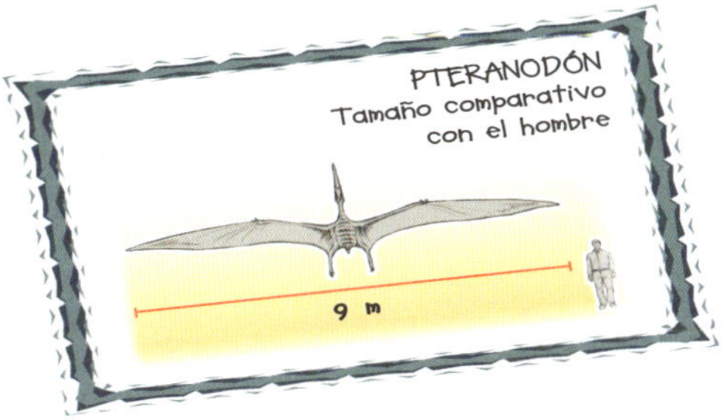

PTERANODÓN
Tamaño comparativo con el hombre

257 Cresta equilibrante

La cola del PTERANODÓN era muy corta, así que no la podía usar para cambiar de dirección mientras volaba. Pero tenía una larga cresta sobre la cabeza que equilibraba el peso de su gran pico, y que tal vez la usaba como timón inclinando el cuello.

258 El vuelo del albatros

El PTERANODÓN tenía unas patas muy débiles y, como era muy grande, no podía andar demasiado. Tenía que confiar en sus alas para recorrer grandes distancias, agitaba poco las alas y aprovechando que eran muy grandes planeaba durante horas, dejándose llevar por el viento.

259 El inmenso Quetzalcoatlus

El mayor PTEROSAURIO**, el animal más grande que jamás haya volado, fue el** QUETZALCOATLUS **cretácico** (en homenaje al dios azteca Quetzalcoatl). Tenía unas alas membranosas de 12 metros o incluso más: **¡era más grande que algunos aviones!**

Quetzalcoatlus

260 ¡Eso es imposible!

Los científicos investigan con curiosidad los restos del QUETZALCOATLUS: en teoría, si un animal tiene unas alas demasiado grandes, pesarán tanto que no podrá volar. El máximo lo marca el Quetzalcoatlus con 12 metros, pero recientemente se han encontrado fósiles mayores que podrían llegar a medir 18 metros de punta a punta de las alas. Si esos Quetzalcoatlus inmensos volaban, se tendrá que investigar mucho más.

Quetzalcoatlus

261 A cuatro patas

Además, el QUETZALCOATLUS podía despegar con su propia fuerza, sin necesidad de lanzarse desde un lugar elevado como otros PTEROSAURIOS. Y encima podía caminar ayudándose de las manos-codos en que se convertían sus alas al plegarse.

Ictiosaurios

262 Entre tiburones y reptiles

Los ICTIOSAURIOS («LAGARTO PEZ») eran grandes reptiles marinos parecidos a los delfines. Medían unos 3 metros, su peso iba de los 130 a los 950 kilos y podían nadar a 40 km/h. Comían calamares, peces y marisco, y en el Jurásico fueron los depredadores acuáticos dominantes hasta la aparición de los PLESIOSAURIOS.

Fósil de una hembra de Ictiosaurio que quedó fosilizada en pleno parto.

263 Una Ictiosauria... ¿EMBARAZADA?

Los ICTIOSAURIOS no ponían huevos como la mayoría de reptiles, sino que parían a sus crías, como los mamíferos. Todos los animales marinos que respiran aire tienen dos opciones: o salen a tierra firme para poner sus huevos (como las tortugas), o dan a luz cerca de la superficie, para que las crías puedan respirar. Los Ictiosaurios tenían forma de pez, así que no se sentirían a gusto en la playa.

Mares peligrosos (I)

264 Buceando en el Tíbet

Hay un tipo de ICTIOSAURIO **enorme** (de 10 a 15 metros de largo) llamado TIBETOSAURIO porque su esqueleto se encontró en el Tíbet. **¿Cómo llegó hasta ahí arriba?** No tuvo que escalar: durante el Jurásico la mayor parte del Himalaya estaba bajo el mar.

265 El pescador de camarones

Durante todo el Triásico, vivió un animal de 3 metros parecido al cocodrilo, con dientes como agujas, pies palmeados y aletas en la cola. Se llamaba NOTOSAURIO y se movía entre la tierra y el mar, cazando peces, camarones y otros animales acuáticos ayudándose de sus mandíbulas alargadas.

266 Evolución convergente

A los biólogos les encanta encontrar animales que no son familia pero que resuelven problemas parecidos con las mismas mutaciones. La aleta dorsal, la aleta de la cola y la forma general del ICTIOSAURIO son como las de los peces, todo un caso de evolución convergente.

267 Plesiosaurios: ¡una de caracolas!

Los PLESIOSAURIOS («PARECIDO A UN LAGARTO») fueron grandes reptiles acuáticos carnívoros que evolucionaron de los NOTOSAURIOS. Tenían el cuello largo, mandíbulas capaces de devorar conchas de moluscos y unas manos en forma de remos únicas en el mundo submarino, que les permitían nadar con comodidad. Eran los animales acuáticos más grandes del Triásico.

268 El monstruo del lago Ness

Aunque todo indica que los PLESIOSAURIOS se extinguieron con los dinosaurios hace 65 millones de años, de vez en cuando surgen bromas, engaños y rumores de que estos animales siguen vivos, aunque no haya ninguna prueba científica de ello. El «aspirante» a Plesiosaurio más famoso es el monstruo del lago Ness.

269 Volar bajo el agua

Algunos PLESIOSAURIOS tenían el cuello más corto: nadaban más rápido, pero se movían en el agua con menos agilidad que los de cuello largo.

Mares peligrosos (II)

270 Pliosaurios y Criptocíclidos

A los PLESIOSAURIOS de cuello corto se les llama PLIOSAURIOS. Tenían la boca grande, (¡hasta 3 metros!); eran animales macizos de más de 12 metros y 10 toneladas de peso, como el **KRONOSAURIO**, el **PLESIOPLEURODÓN** o el **BRACAUQUENIUS**. En cambio, los **CRIPTOCÍCLIDOS** tenían el cuello largo y la cabeza diminuta.

271 Plesiosaurio extremo

Otro grupo de PLESIOSAURIOS, los ELASMOSÁURIDOS, llevaron hasta el límite lo de tener el cuello largo. Tenían más de 72 vértebras, el récord del reino animal, y más de la mitad de sus 17 metros de longitud pertenecía al cuello.

272 El temible Mosasaurio

Al PLESIOSAURIO lo cazaba el MOSASAURIO, una mezcla de pesadilla entre un tiburón y un gordo cocodrilo. Sus fauces tenían movimientos limitados y no podía tragarse a sus presas de un solo bocado, así que primero la despedazaba con sus afilados dientes.

273 El supercuello

El reptil cuellilargo más desproporcionado fue el TANYSTROPHEUS **(«CUERDA LARGA»):** aunque «sólo» medía 6 metros, su cuello era más largo que todo su cuerpo y cola juntos. Y para su increíble longitud, tenía muy pocas vértebras, sólo 10, por lo que no era un cuello demasiado flexible.

274 La primera tortuga

La primera tortuga conocida fue el PROGANOQUELIS**: apareció a finales del Triásico, hace 210 millones de años, en Alemania y Tailandia;** medía 60 centímetros de largo y tenía un caparazón hecho de costillas y otros huesos. Del cuello y la cola le salían púas protectoras que no podía esconder, como seguramente tampoco podía meter las patas dentro del caparazón.

Preparados para emerger

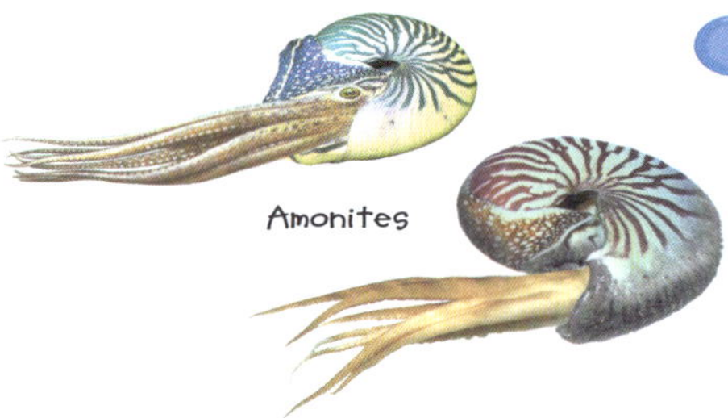

Amonites

275 Bajo las aguas

El PLATEOQUELIS **(«TORTUGA CON PLACAS») pertenecía a otro tipo de animales:** los PLACODONTES. Vivía en el fondo del mar y tenía pico, una larga cola ribeteada, patas palmeadas y dientes planos para partir conchas y crustáceos.

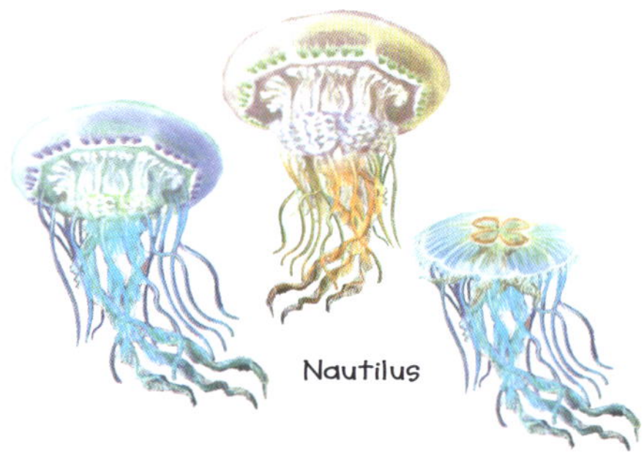

Nautilus

276 Los pesados Placodontes

Aunque varios de los PLACODONTES **tengan el sufijo «-chelys» o «-quelis» en su nombre, no eran tortugas ni se les parecían. Más bien eran una mezcla entre una morsa y un reptil: grandes, pesados...** Eso sí, algunos tenían placas protectoras en el lomo, cuyo gran tamaño les evitaba tanto salir a la superficie como moverse por aguas demasiado profundas, por lo que es muy probable que habitaran en aguas estancadas.

277 El cascanueces del Placodus

Otro placodonte es el PLACODUS**, un habitante de los mares del Triásico que ocupaban el espacio de los Alpes.** El Placodus tenía un auténtico cascanueces en la boca que le permitía sacar todo el jugo a los animales con concha que se arrastraban por el fondo.

Placodus

Henodus

278 Un sapo con cuernos...

Entre el periodo Carbonífero (hace 360 millones de años) y el Triásico aparecieron los anfibios TEMNOSPÓNDILOS («DE VÉRTEBRAS CORTANTES»). Uno de los últimos, hace 235 millones de años, fue el MASTODONSAURIO: una mezcla de sapo y cocodrilo de 2 metros que cazaba peces y pequeños reptiles en los pantanos y lagos de Europa y el norte de África. Al cerrar la boca, sus colmillos atravesaban el paladar y asomaban fuera de la cabeza.

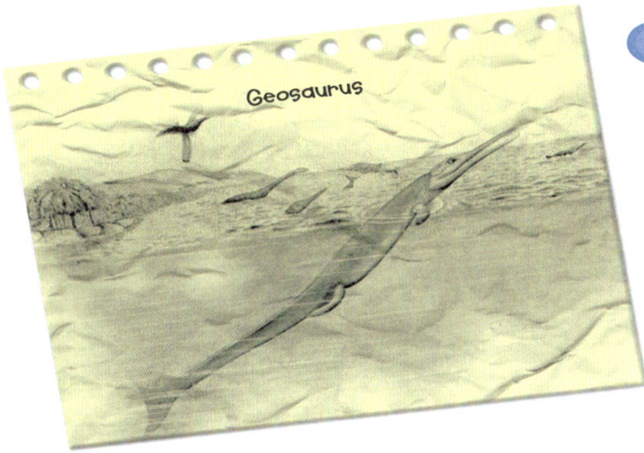

279 Cocodrilos Arcosaurios

¿Te acuerdas de los ARCOSAURIOS? (curiosidad 39 y siguientes). Uno de los últimos en aparecer fue el RAUISÚQUIDO, que pertenecía a una familia de arcosaurios de hasta 7 metros, de la que descienden nada más y nada menos que los famosos cocodrilos del Nilo.

Casi cocodrilos

280 El morro del Aetosaurio

La verdad es que casi todos los ARCOSAURIOS **tenían pinta de cocodrilo, pero no hay que dejarse llevar por las apariencias:** los AETOSÁURIDOS («REPTIL ÁGUILA»), reptiles acorazados con placas de hueso, eran Arcosaurios herbívoros. Tenían un morro realmente curioso, con la punta plana como un cerdito.

281 ¿Dónde están los Aetosáuridos?

Se han encontrado restos de AETOSÁURIDOS **en Alemania, Escocia, Groenlandia, Argentina, Madagascar y Estados Unidos. ¡Están en todas partes!** De hecho, sus restos son tan frecuentes que a menudo se usan como «FÓSILES ÍNDICE». **¿Todavía no has descubierto lo que significa?** En el próximo capítulo lo descubrirás.

282 Adaptarse al medio

Hubo AETOSÁURIDOS **pequeños, como el fundador del grupo, el Aetosaurio, y otros grandes, como el** TYPHOTÓRAX. Uno de los mayores, el DESMATOSUCHUS norteamericano, tenía un cuerpo delgado de hasta 5 metros y mejoró sus defensas con unas púas en la espalda, especialmente grandes (de 45 centímetros), sobre los hombros.

283 El error con los Teratosaurios

Desde 1870 la vida del TERATOSAURIO ha ido de error en error: primero creyeron que era un reptil llamado BELODÓN, después atribuyeron su cráneo al EFRAASIA, lo que hizo que creyeran que había sido el primer gran carnívoro. Finalmente, en 1985 y 1986 dos investigadores demostraron que era un RAUISÚQUIDO y le pusieron su nombre definitivo: TERATOSAURIO, el «LAGARTO PRODIGIOSO».

284 El mayor cocodrilo

Ahora, si lo que buscas es un cocodrilo gigante, tu animal es el DEINOSUCHUS («COCODRILO TERRIBLE»): recuerda que el TRICERÁTOPS medía 9 metros **¡y que este ARCOSAURIO es mayor incluso que él!** El terrorífico Deinosuchus medía hasta 15 metros y podría ser el protagonista de cualquier película de monstruos.

Quetzalcoatlus

Arcosaurios desconocidos

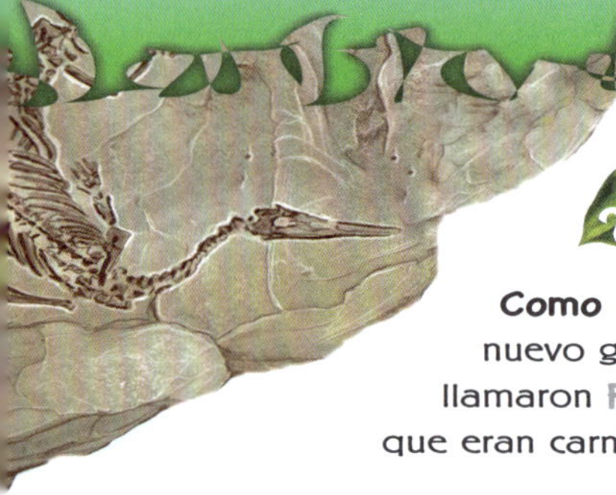

285 ¡Qué narices!

Como te he dicho, las apariencias engañan. En 1828 se encontró un nuevo grupo de ARCOSAURIOS que tenían las fosas nasales en la frente: les llamaron FITOSAURIOS, «LAGARTOS PLANTA», pero a pesar del nombre resultó que eran carnívoros.

Georgia O'Keefe

286 Manos humanas

El QUIROTERIUM es sólo conocido por sus huellas: convivió con los dinosaurios hace 225-195 millones de años. Andaba a cuatro patas por Inglaterra y Alemania, y tenía cinco dedos en cada mano, **¡con un pulgar como el nuestro, que debía de servirle para agarrarse mejor al barro en el que vivía!**

287 El dragón de Harry Potter

¿A que parece el nombre de algún personaje de las novelas de HARRY POTTER? En todo caso se parecería a un dragón, porque el EFFIGIA OKEEFFEAE fue un ARCOSAURIO de 2 metros similar al GALLIMIMUS. Se encontró en el Rancho Fantasma de Nuevo México y su apellido se debe a que la famosa pintora GEORGIA O'KEEFE vivió allí muchos años.

288 Misterios sin resolver

En 1947 el coleccionista de FÓSILES EDWIN COLBERT extrajo varios bloques de piedra del Rancho Fantasma. ¿A que suena como un lugar fantástico para pasar una temporada? Creyendo que no encontraría ningún resto de interés, dejó sin abrir la mayoría de ellos y los devolvió al Museo Americano de Historia Natural.

¿Sabes lo que había dentro?

Gallimimus

289 Espera eterna

Después de 200 millones de años enterrado, el EFFIGGIA aún tuvo que esperar 60 años más, hasta que en 2006 el estudiante STERLING NESBITT abrió los bloques de Colbert en busca de fósiles de COELOPHYSIS y tropezó con el OKEEFFEAE.

Míster Dimetrodón

Dimetrodón

290 El Dimetrodón

Con este animal haremos un poco de trampa, porque vivió en el periodo Pérmico, hace entre 280 y 265 millones de años, y desapareció un poco antes de la Gran Extinción Pérmico-Triásica. Pero no podíamos acabar este capítulo sin hablar del fabuloso DIMETRODÓN, aunque jamás coincidió con los dinosaurios **¡y ni siquiera es un reptil!**

291 ¿Reptil o pájaro?

¿Y por qué vale la pena hacer una excepción con este animal? Para empezar, porque es uno de los animales que más se suele confundir con los dinosaurios. Y eso que ni siquiera era un reptil auténtico: era un SINÁPSIDO, es decir, un PSEUDORREPTIL más parecido a los mamíferos que a los lagartos o los pájaros. DIMETRODÓN significa «DOS TIPOS DE DIENTES»: a diferencia de los reptiles, el Dimetrodón tenía caninos e incisivos.

Dimetrodón

292 El velero del Pérmico

La característica más llamativa del DIMETRODÓN es la espectacular vela que llevaba en la espalda, sostenida por espinas. Es muy posible que este animal de 3 metros fuera de sangre fría y utilizara la vela para regular su temperatura: una superficie grande permite recoger el calor del sol con mayor eficacia. Así, podía quedarse a cazar hasta más tarde que otros animales sin pasar frío.

293 Locos por el Dimetro

Quizás sea su vela o tal vez algo nos recuerda que somos parientes: a los humanos nos encantan los DIMETRODONTES. *Viaje al centro de la Tierra, Power Rangers, Dinosaucers, En busca del valle encantado*, el videojuego *Turok*... Da igual que no fuera un dinosaurio: **¡hasta nosotros hemos hecho una excepción!** Ve al capítulo 7 para tener más datos sobre los mejores dinosaurios de ficción.

El hombre y los dinos

294 Dinosellos

Una colección de sellos de Camboya de 1986 presentaba a siete criaturas prehistóricas. Es una colección muy original porque no son los animales más habituales: ni mamuts, ni Tricerátops, ni Tiranosaurios. Los sellos mostraban al EDAFOSAURIO (un Dimetrodón de hace 280 millones de años), el SAUROCTONUS, el MASTODONSAURIO, el RHAMPHORHYNCHUS, el BRAQUIOSAURIO, el INDRICOTHERIUM (el mayor mamífero terrestre de la Historia) y el TARBOSAURIO (un Tiranosaurio mongol).

295 Dinomonedas

El SAUROCTONUS también apareció en una moneda de plata de 50 kips emitida en Corea en 1993. Aunque 50 kips no equivalen ni siquiera a 1 céntimo, la moneda está valorada en 28 euros.

296 Más monedas

Se hicieron monedas parecidas en 1994 y 1995, mostrando a un ELASMOSAURIO en plena lucha contra un TYLOSAURIO, y a un poderoso MEGALOSAURIO. En Mongolia también aparecieron un VELOCIRRAPTOR y un PROTOCERÁTOPS en dos monedas de 500 tugriks (unos 30 céntimos, aunque los coleccionistas pagan más de 40 euros por ellas).

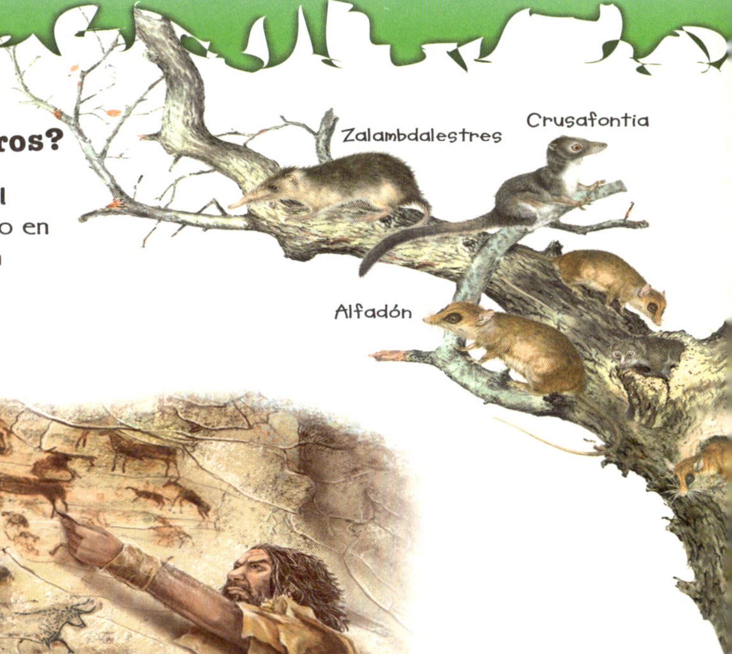

297 ¿Y ya existían los mamíferos?

Sí. Uno de los primeros mamíferos fue el MEGAZOSTRODÓN. Vivió durante el Jurásico en Lesotho, Sudáfrica: era parecido a una musaraña de 12 centímetros y se alimentaba de insectos. Empezamos pequeñitos y discretos...

298 ¿Los hombres contra los dinosaurios?

Las imágenes de cavernícolas luchando contra TIRANOSAURIOS **o algún otro de sus compañeros carnívoros nunca fueron ciertas.** Los dinosaurios (bueno, ya sabes, excepto las aves) se extinguieron hace 65 millones de años, y los primeros antepasados del hombre bajaron del árbol por primera vez hace 4 millones de años. Para cuando inventamos el fuego, los dinos ya eran fósiles hacía mucho tiempo.

Los fósiles

299 El origen de los fósiles

La palabra FÓSIL viene del latín *fossile* que significa «excavar», así que los fósiles son cualquier cosa encontrada bajo tierra. Y es que a veces hay que excavar mucho para completar un esqueleto de dinosaurio.

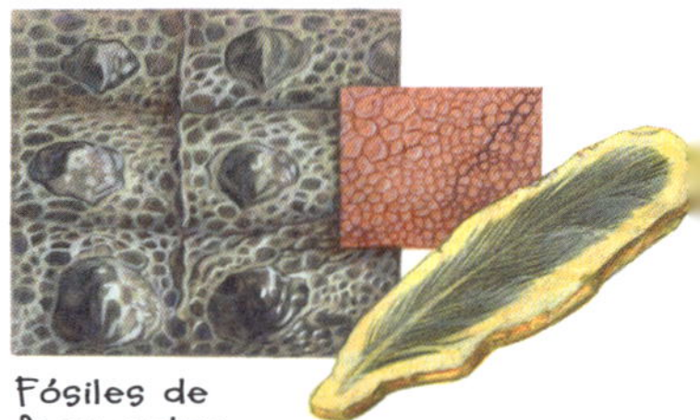

Fósiles de fragmentos de piel y plumas

300 ¿Cómo nace un fósil?

Cuando un animal muere, su carne desaparece hasta que sólo quedan sus huesos. La tierra va tapando el esqueleto a medida que pasan los años, hasta que los huesos se convierten en piedra.

Cuando un animal muere o es devorado por otros, entonces sólo quedan los huesos.

Durante muchos años puede que su esqueleto quede cubierto por tierra o por agua.

301 Porque, ¿qué es un fósil?

También se consideran FÓSILES los restos que no se han convertido en piedra y además cualquier rastro que puede dejar un animal en la tierra (huesos, pisadas, etc.) siempre que estos restos tengan más de 1.640.000 años.

302 Fósiles perfectos

Los FÓSILES suelen conservar sólo las partes duras de los animales: el caparazón del caracol, los huesos de dinosaurio... Pero hay un barro especial que no tiene oxígeno: si una planta o animal queda enterrado en ese barro, también se fosilizan algunas de las partes blandas.

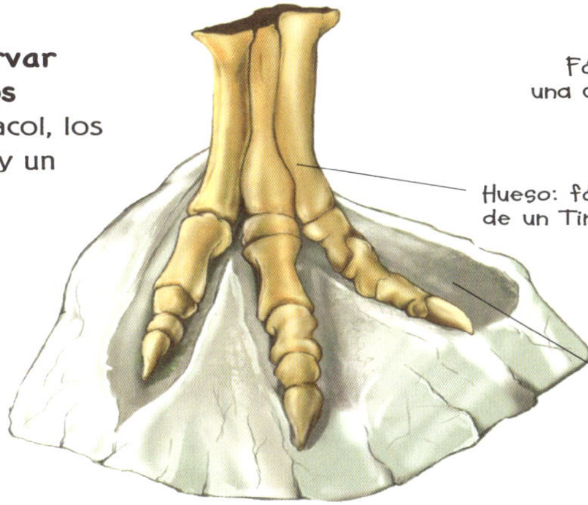

Pasado muchísimo tiempo, partículas de arena y sedimentos penetran en los huesos.

Después de millones de años, los científicos los encuentran en la superficie de la Tierra.

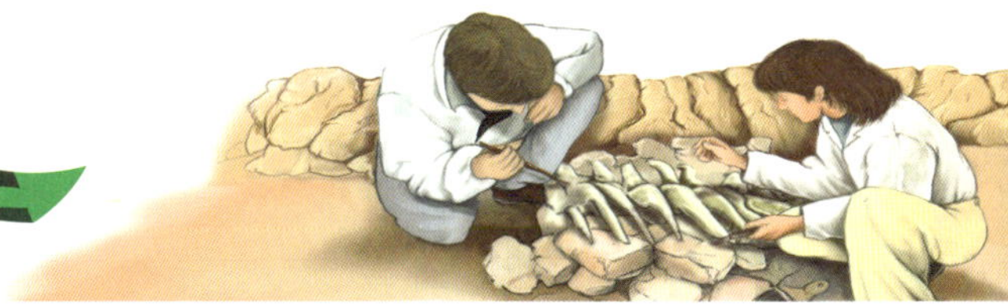

303 Bloques de hielo

En Siberia se encontraron unos «fósiles perfectos», con todas las partes blandas intactas, sin estar enterrados en barro: una manada de MAMUTS LANUDOS, que estaban congelados a una temperatura tan baja que toda la carne, los músculos y la piel seguían aún en su sitio 20.000 años después de su muerte. ¡Increíble!

304 ¿Encontrar restos blandos?

Es difícil pero no imposible. En 2002 la doctora MARY SCHWEITZER trabajaba en Montana (EE UU) y rompió por accidente un fémur de dinosaurio mientras lo sacaba de la roca, **¡increíble!** Dentro se conservaban células y venas de hace 68 millones de años que no se habían fosilizado.

305 Estáis fichados

El grupo de todos los fósiles del planeta, los que se han encontrado y los que no, se llama «**REGISTRO FÓSIL**». Hoy podemos estudiar el pasado de la Tierra con otros métodos, pero los fósiles siguen siendo importantes en el estudio de la evolución.

Fósiles de animales de cuerpo blando

Fósil de Trilobites

306 La edad de un fósil

En la Tierra hay vida desde hace 3.700 millones de años, así que el fósil más antiguo que encontremos tendrá esa edad. Pero aunque cueste creerlo, todavía no sabemos cuántos años hacen falta como mínimo para que un animal se convierta en fósil: quizás unos pocos años, quizás unos cuantos siglos...

307 Los pozos de alquitrán

Investigar los fósiles no es la única forma de conocer los restos de un viejo animal. Una alternativa son los pozos de alquitrán, que emerge del fondo de la Tierra hasta crear un charco o incluso un lago. Los animales que caen en esos pozos pueden quedar atrapados para siempre, y a los paleontólogos les va muy bien para descubrirlos.

Lago de alquitrán de La Brea Tar Pits en 1910

308 El pozo más conocido

Todos los pozos de alquitrán del mundo están en América: Venezuela, Trinidad y Tobago, y dos en Estados Unidos, los del pueblo de McKittrick, y los más famosos, los pozos de alquitrán de LA BREA. Este centenar de lagos negros en el centro de Los Ángeles contienen muchos restos de hace 40.000 años, así que es imposible que aparezcan dinosaurios en ellos. **¡Son demasiado nuevos!**

Dimorphodontes

El dorado ámbar

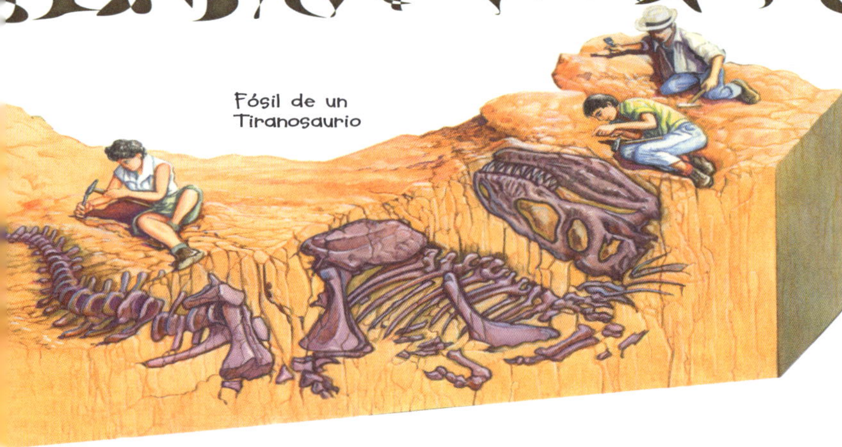

Fósil de un Tiranosaurio

Tiranosaurio rex

309 ¿Encontrar más de un dino?

Sí, podemos encontrar fósiles de diferentes animales en un mismo lugar: en la Mina del Dinosaurio de Cleveland Lloyd (EE UU) hay 10.000 huesos de ALOSAURIOS, ESTEGOSAURIOS, CERATOSAURIOS y otros dinos. Es posible que en Cleveland Lloyd hubiera arenas movedizas que atrapaban a los herbívoros y a los depredadores que les perseguían.

Ámbar con insectos en su interior

310 El ámbar

Los árboles, especialmente los pinos, producen resina cuando se rompe su corteza para protegerse de las enfermedades y los insectos. Cuando se enfría, la resina se endurece y atrapa las hojas, burbujas y las pequeñas criaturas que se encuentren en el tronco: hormigas, arañas, mosquitos e incluso mariposas, ranas y escorpiones. El ÁMBAR lo conserva todo deshidratado **¡y a veces incluso con el ADN intacto!**

Majungatholus

311 No hay ámbar en cualquier parte

Sólo hay 20 depósitos de ámbar en todo el mundo. Los más importantes están en México y tienen 25 millones de años de antigüedad, pero las piezas más viejas son de hace 90 millones de años, del Cretácico, cuando aparecieron los primeros árboles.

Estegosaurio

312 ¿Dónde excavar?

Descubrir un lugar donde podemos encontrar huesos de dinosaurio es muy difícil. Los paleontólogos buscan donde ya han aparecido esqueletos antes: no es muy original, pero así tienen claro que en la zona los restos se conservaban bien.

Tiranosaurio rex

Volcán en erupción

313 Geología al rescate

Unos pequeños conocimientos de geología te pueden ayudar a la hora de saber dónde NO encontrarás fósiles: en las rocas que se forman cuando se enfría la lava. Han pasado por cambios de temperatura y presión tan extremos, que todo lo que estuviera dentro acaba hecho pedazos.

En resumen: no busques dinosaurios en los restos de un volcán.

Vamos de excavación (I)

314 ¿Cuánto debes excavar?

Imagina que estás en un prado en el que alguien encontró un diente de dinosaurio. ¿Cuánto debes cavar? ¿10, 15, 30 metros? En general la Tierra está muy ordenada: a medida que pasan los años se van depositando capas de polvo y sedimentos. Un geólogo puede decirte exactamente a qué profundidad se encuentra la capa del Triásico en la zona en la que estás: **excavar, para ellos, es como viajar atrás en el tiempo.**

315 ¿Qué herramientas utilizan?

Los paleontólogos pueden usar un aparato que produce ondas sonoras, pero no funciona muy bien bajo tierra, se debe provocar unas ondas mucho más potentes, disparando unas cargas explosivas contra el suelo y estudiando la forma de los objetos enterrados contra los que rebotan las ondas de choque. Es efectivo, pero pueden acabar destruyendo los fósiles que encuentres.

316 Ahorrar tiempo y dinero

A los propietarios de minas y pozos de petróleo les caen muy bien los paleontólogos, porque les pueden ahorrar mucho dinero: alguien que sabe la antigüedad de una roca viendo los fósiles que contiene ahorra mucho tiempo, porque según esa antigüedad los mineros saben cuánto deben perforar para encontrar los materiales que buscan.

317 Vestidos para la ocasión

Recuerda que salir a «CAZAR FÓSILES» es una actividad al aire libre que requiere ropa adecuada: botas de campo, gafas y guantes protectores, pantalones y camisa que no te importe manchar un poco, incluso un casco si estás en la montaña o una mascarilla para no respirar polvo. Y, por supuesto, tus herramientas de excavación.

Los expertos envuelven los huesos con yeso para evitar que se rompan durante su traslado.

318 Las herramientas

Hay muchos tipos de herramientas: es importante saber cuál usar en cada caso. Debes llevar un martillo geológico, hecho de acero especial más duro que el habitual. Pero cuando golpees la roca no lo hagas directamente con el martillo, usa un escoplo. Y nunca olvides el cepillo para limpiar tus piezas.

319 La extracción en bloque

¿Ya has encontrado los restos de un dinosaurio? ¡Fantástico! Si el terreno lo permite, intenta sacar un bloque entero de piedra y ya lo limpiarás fuera del yacimiento con tranquilidad. A veces esto es imposible, cuando se trata de dinosaurios muy grandes, y hay que hacer todo el trabajo donde aparecen los huesos.

Vamos de excavación (II)

320 La paciencia

La regla que todo cazador de fósiles debe recordar es que cuanto menos se use el martillo, mucho mejor. Cuando descubres un fósil te entran ganas de usar el martillo y el escoplo para sacarlo lo antes posible, pero haciéndolo así puedes destruir el fósil: es mejor trabajar con cuidado, e incluso volver otro día si no llevas las herramientas adecuadas. Asegúrate de dejar siempre roca de sobra alrededor del fósil y ya limpiarás tu tesoro luego.

321 Más herramientas

A veces tendrás que cambiar el martillo por una pala, en aquellos terrenos de arena, barro y grava: es en estas ocasiones cuando más te alegrarás de no haber olvidado tu fiel cepillo.

322 El código del cazador de fósiles

Cuando busques fósiles debes ser responsable y obtener el permiso del propietario del terreno o de las autoridades: martillar las piedras de los parques nacionales es ilegal. Y siempre, siempre, rellena todos los agujeros que caves: **no querrás que nadie se caiga dentro, ¿verdad?**

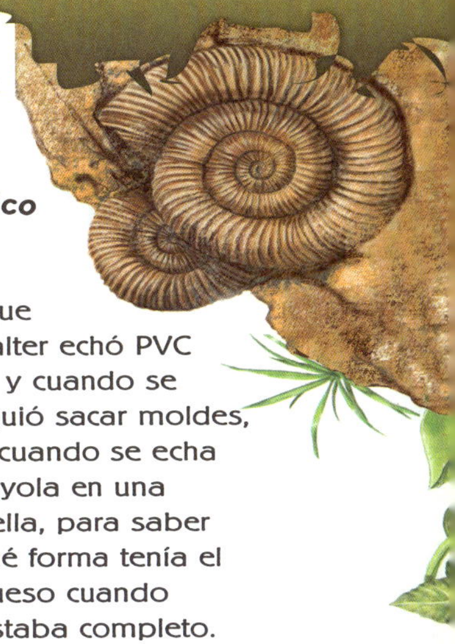

323 El molde perfecto

ALICK WALTER (1925-1999) fue un paleontólogo británico que inventó en 1950 un sistema para tomar moldes de fósiles en mal estado. En Escocia se encontraron unos restos bastante pobres, muchas veces no eran mucho más que pequeñas marcas en la roca. Walter echó PVC líquido en las marcas y cuando se enfrió consiguió sacar moldes, como cuando se echa escayola en una huella, para saber qué forma tenía el hueso cuando estaba completo.

Pueden ser necesarias varias personas para levantar el pesado hueso envuelto en yeso.

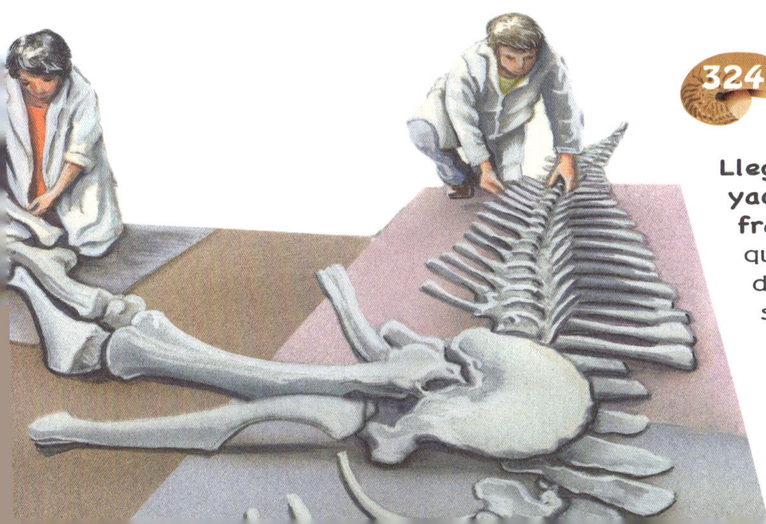

324 Reconstrucción

Llega un momento en que te vas del yacimiento y te reúnes con los fragmentos que has encontrado: hay que conectar unos huesos con otros sin dañarlos, ver si los dientes que hallaste sueltos corresponden a la mandíbula que estaba unos metros más lejos.

Errores y problemas comunes

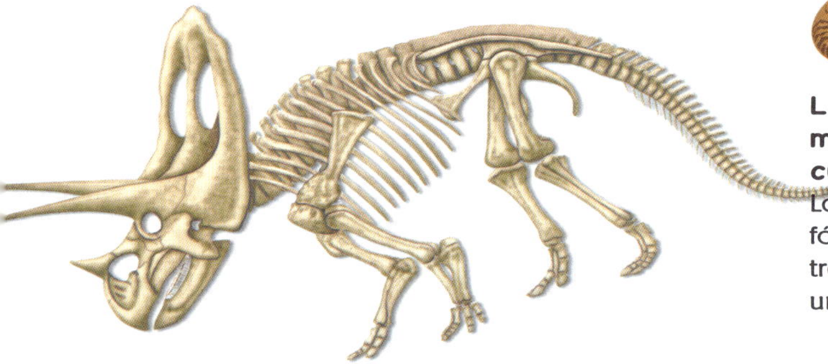

325 Quimeras

La QUIMERA era un monstruo mitológico griego con cabeza de león, cuerpo de cabra y cola de serpiente. Los paleontólogos llaman «quimera» a los fósiles que se han reconstruido por error con trozos de diversos dinosaurios: la cabeza de uno, el cuello de otro...

326 Protoavis, demasiado pro(n)to

¿Es posible que existiera un pájaro 60 millones de años antes que el ARQUEOPTÉRIX? Los paleontólogos se lo preguntaban ante el descubrimiento de SANKAR CHATTERJEE en Texas de un esqueleto de 35 centímetros, el PROTOAVIS. Chatterjee mezcló por error el cráneo de un pequeño CELUROSAURIO, las patas de un CERATOSAURIO y las vértebras de un REPTILOIDE ARBORÍCOLA porque sus esqueletos parciales habían aparecido juntos. Una quimera en toda regla.

Arqueoptérix

327 El Ultrasaurio invisible

Cuando en 1979 JAMES JENSEN encontró un gran fósil en la Meseta Seca de Colorado, creyó que había encontrado el mayor dinosaurio de la historia y lo llamó ULTRASAURIO. Pasó el tiempo, se desenterraron más huesos, y resultó que el Ultrasaurio de Jensen era una quimera con huesos de SUPERSAURIO y BRAQUIOSAURIO.

328 Sin cabeza

De algunos dinosaurios se han llegado a saber montones de cosas a partir de dos o tres vértebras y un par de huellas. Por ejemplo, aún no se ha encontrado ningún cráneo de MELANOROSAURIO (el «LAGARTO DE LA MONTAÑA NEGRA» de Sudáfrica), pero, gracias a la forma de su cadera, sabemos que fue uno de los primeros saurópodos.

329 Una buena dentadura

Por los dientes de los dinosaurios también podemos adivinar muchas cosas. Por ejemplo, la boca del COMPSOGNATHUS jurásico se estrechaba por debajo y tenía dientes pequeños y afilados: ideales para comer insectos.

Siguiendo pistas (I)

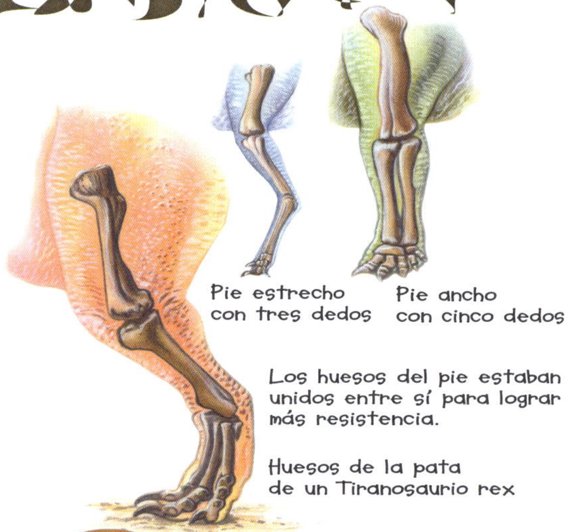

Huesos de la pata de un Tiranosaurio rex

330 Las pisadas

Las pisadas de un animal, impresas en el suelo, pueden conservarse durante cientos de millones de años. Nos indican por dónde iba, cuánto corría y cómo era de grande, e incluso nos pueden dar pistas sobre qué depredadores le acechaban y cómo era la piel de sus pies. Las huellas fosilizadas se llaman ICNITAS.

331 El rastro del Coelurosaurichnus

La demostración más evidente de la utilidad de las icnitas nos la da un dinosaurio llamado GRALLATOR («ZANCUDO»), al que sólo conocemos por las huellas que dejó. Tenía tres dedos con garras, uno de ellos mucho más grande que el resto: podría ser el antecesor de los RAPTORES. Los animales conocidos exclusivamente por sus huellas se clasifican como ICNOESPECIE.

332 El lagarto de Revuelto

Pero los dientes pueden engañar. En 1989 se descubrieron varios dientes en Revuelto, Arizona: el REVUELTOSAURIO se clasificó como un dinosaurio ornitisquio del Triásico. En 2004 se encontró un esqueleto que demostró que no era un dino, sino un ARCOSAURIO. El tema es serio: los únicos restos de ORNITISQUIOS triásicos que quedan en Norteamérica son dientes; si se equivocaron con el Revueltosaurio, puede que se equivocaran con todos. **¿Serán dinosaurios o arcosaurios?**

Deinosuchus

333 Por sus huellas los conoceréis

El TIRANOSAURIO dejaba huellas de un canario gigantesco; en cambio, las huellas del CORITOSAURIO eran círculos de los que asomaban tres dedos. El gigantesco BAROSAURIO dejaba huellas grandes con los pies y pequeñas con las manos. Y los dinosaurios acorazados movían a la vez los miembros de cada lado, así que sus huellas iban siempre de dos en dos: mano izquierda con pie izquierdo, mano derecha con pie derecho. A esta forma de moverse, que hoy utilizan las jirafas, se le llama amblar.

334 Los nidos

La vida en el Mesozoico era dura, y una madre podía morir antes de ver salir a sus crías de los huevos. Así han llegado hasta nuestros días nidos de huevos fósiles. Son muy útiles para comparar a los dinosaurios adultos con sus bebés.

Dinosaurios en España

335 España (Teruel) - I

TERRITORIO DINÓPOLIS, en Teruel, es una mezcla de parque de atracciones y museo dividido en cinco poblaciones. En la propia capital, Teruel, se encuentra DINÓPOLIS, con dinosaurios robóticos, juegos y espectáculos. Si vais a INHÓSPITAK, en la cercana Peñarroya de Tastavins, veréis el esqueleto del SAURÓPODO más completo de España.

336 España (Teruel) - II

En Galve, a 60 kilómetros de Teruel, penetraréis en LEGENDARK, hogar del ARAGOSAURIO, el GALVESAURIO y otros gigantes, y encontraréis una de las colecciones de ICNITAS más importantes de Europa. La REGIÓN AMBARINA, en Rubielos de Mora, os enseñará cómo trabajan los paleontólogos, y el BOSQUE PÉTREO de Castellote os mostrará cómo convivieron dinosaurios y mamíferos hace 125 millones de años.

337 España (Isona) - I

En el pueblo de ISONA, al noroeste de la provincia de Lérida, encontramos la mejor colección de dinosaurios de toda Cataluña. En el PARQUE CRETÁCICO descubrirás una época en que los Pirineos se estaban levantando, la Cuenca Dellà todavía limitaba con el océano Atlántico y HADROSAURIOS, TITANOSAURIOS y NOTOSAURIOS campaban a sus anchas.

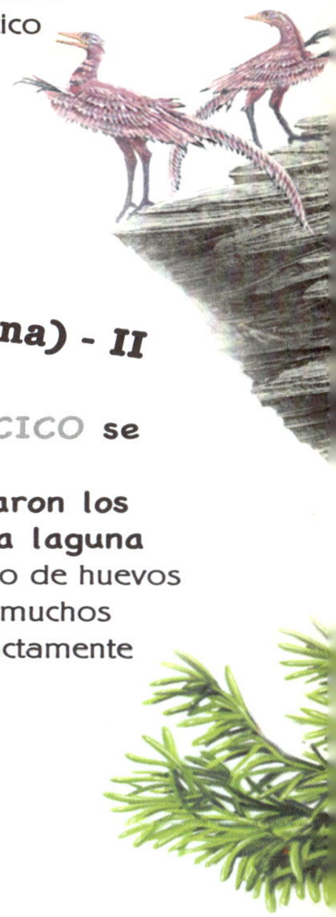

338 España (Isona) - II

En el PARQUE CRETÁCICO se encuentran más de 2.000 ICNITAS, que dejaron los animales que acudían a una laguna salada. También hay un depósito de huevos de hace 70 millones de años, con muchos nidos que conservan los huevos exactamente como se encontraron.

339 El parque sin dinosaurios

En el PARQUE DE LA CIUDADELA DE BARCELONA tenía que haber 12 estatuas de grandes criaturas prehistóricas a tamaño natural. Pero **NORBERT FONT**, el impulsor de la idea, murió cuando sólo se había colocado la primera de las estatuas, y el proyecto se detuvo. El MAMUT de piedra de la Ciudadela sigue solitario cerca del lago, mientras los niños se cuelgan de sus enormes colmillos.

Siguiendo pistas (II)

Excrementos fosilizados

340 Los excrementos

Uno de los restos fósiles más curiosos es el COPROLITO (literalmente significa «CACA DE PIEDRA»). Los excrementos de los dinosaurios, al ser de origen orgánico, también se podían fosilizar. Por ellos podemos averiguar las costumbres alimentarias de los dinosaurios: qué comían, cómo lo masticaban y cómo digerían los alimentos.

Daspletosaurio

341 El mayor coprolito

En 1990 la paleontóloga WENDY SLOBODA encontró en Canadá un enorme COPROLITO de 63 centímetros de largo: el mayor del mundo. Procedía de un DASPLETOSAURIO o un GORGOSAURIO, en cualquier caso un feroz carnívoro, ya que dentro del coprolito se encontraron, muy bien conservadas, fibras musculares de otro dinosaurio que había sido devorado.

342 Huesos en la basura

Hay que estar siempre preparado para encontrar indicios de la vida de los dinosaurios. Los huesos del THOTOBOLOSAURIO fueron encontrados junto a un vertedero cercano a los nativos de Lesotho. En la lengua de ese pueblo africano, THOTOBOLO significa «MONTÓN DE BASURA».

Iguanodontes

343 En la punta de la nariz

Los PALEONTÓLOGOS son como detectives: buscan pistas, reconstruyen la muerte de sus «CLIENTES» y tratan de descubrir cómo eran y cómo vivían. El problema es que todas esas pistas las dejaron hace millones de años y a veces se equivocan: al principio, por ejemplo, se creía que la garra del pulgar del IGUANODÓN era un cuerno que llevaba sobre la nariz.

344 Corregir es de sabios

Pese a errores como el del IGUANODÓN, los paleontólogos siguen esforzándose en busca de la exactitud en su trabajo. En 1954 se encontraron en Arizona los restos de un dinosaurio, y su descubridor, SAMUEL WELLES, afirmó que eran de MEGALOSAURIO. Mucho después se descubrió que eran huesos de DILOFOSAURIO, y en 1984 Welles publicó un nuevo estudio en el que daba los datos correctos. Nunca es tarde para corregir, pero Welles tardó **¡30 años!**

Los descubrimientos

345 ¿Qué es un fósil índice?

Cuando se sabe tanto de un fósil que se puede distinguir diversas especies dentro del mismo animal, es fácil determinar con exactitud en qué época vivió. Cuando vuelvan a encontrar el fósil de esa especie, los paleontólogos sabrán al instante a qué época pertenece: a esas criaturas se las llama fósiles **índice**, fósiles **guía** o fósiles **de zona**.

346 La evolución

Aunque no fue un dinosaurio, la historia del ICTIOSAURIO es ideal para ver la evolución de un fósil desde su descubrimiento: comienza en 1699, a través de fragmentos fósiles aparecidos en Gales. Nueve años después se anunció que sus vértebras demostraban el Diluvio Universal. Y eso que hubo que esperar hasta 1811 para que MARY ANNING descubriese el primer fósil completo de Ictiosaurio, en Inglaterra.

347 Más descubrimientos

Después de tanta espera, el Ictiosaurio se iba a poner de moda en el siglo XX: en 1905, una expedición descubrió 25 ejemplares en Nevada, que durante el Triásico se encontraba bajo el agua. Allí hay un esqueleto completo de 17 metros, y en Canadá se encuentra el Goliat de los ICTIOSAURIOS: un fósil de 23 metros, el tamaño de seis coches.

348 Cuidado con dónde buscas

En algunos sitios es más fácil encontrar dinosaurios que en otros. En América y China, por ejemplo, hay grandes depósitos de fósiles, y en la Antártida se han encontrado dinos únicos. Pero es mejor que no busques en Nueva Zelanda: **¡hasta ahora, allí sólo se ha encontrado un hueso de dinosaurio!**

Megalosaurio

349 El primer reportero

Descubrir fósiles es importante, pero nadie lo sabría si los paleontólogos no pudieran contárselo unos a otros: las revistas científicas son indispensables para estar al día. El primero que describió un hueso de dinosaurio en una publicación así fue WILLIAM BUCKLAND, sacerdote y geólogo, que en 1824 le puso nombre al MEGALOSAURIO en la revista *Transacciones de la Sociedad Geológica de Londres.*

La imparable Mary Anning

Mary Anning

350 La necesidad

MARY ANNING era una mujer muy curiosa. Cuentan que cayó un rayo en su pueblo cuando ella sólo tenía un año: alcanzó a cuatro personas y todas murieron menos ella. Estaba destinada a grandes hazañas. En 1810 la pequeña Mary y su hermano Joseph se quedaron huérfanos y empezaron a ganarse la vida recogiendo fósiles en los acantilados de Lyme Regis.

351 La moda

A finales del siglo XVIII los fósiles se habían puesto de moda en Inglaterra. Poco a poco se fue convirtiendo en una ciencia, a medida que se comprendió su importancia. MARY ANNING se hizo amiga de los científicos a los que vendía los fósiles, y ella misma empezó a interesarse por aquellos restos del pasado.

352 La gran buscadora

¡Y menudos hallazgos hacía Mary! En 1811 una tremenda tormenta arrancó gran parte de los acantilados de Lyme Regis y MARY ANNING encontró el primer esqueleto completo de ICTIOSAURIO. Y en 1821 pasó definitivamente a la historia al descubrir el primer PLESIOSAURIO.

Fósil del primer Plesiosaurio completo

353 Más descubrimientos

Otros descubrimientos que hizo MARY ANNING son una MANTA RAYA del Triásico y el primer PTERODÁCTILO encontrado fuera de Alemania. En 1847 la Sociedad Geológica de Londres la nombró miembro de honor por su gran contribución a la ciencia.

Pterodáctilo

Ictiosaurios

354 El legado

Con el tiempo, los descubrimientos de MARY ANNING se han vuelto más importantes de lo que parecían: antes se creía que los fósiles desconocidos eran de animales que vivían en algún lugar lejano. Pero, en ninguna parte se hubieran podido esconder tantos animales como los que encontró Mary Anning. Sin saberlo, demostró que los animales podían extinguirse.

Los grandes paleontólogos (I)

Estegosaurio

355 ¿Quién será?

Si alguien encuentra un nuevo fósil y lo llama PALEOSAURIO («REPTIL ANTIGUO»), puede hacer que cualquier paleontólogo se ponga a reír. Y es que en el siglo XIX le pusieron ese nombre a ocho criaturas distintas, desde un COCODRILO hasta un par de FITOSAURIOS o un REPTIL curioso.

356 El descubridor del Pterosaurio

A estas alturas te debe de sonar el nombre de OTHNIEL CHARLES MARSH. Fue un hombre muy importante para la historia de la paleontología. Descubrió el PTEROSAURIO, como dice el título, y muchos otros fósiles, y fue el primero en describir al TRICERÁTOPS y al ESTEGOSAURIO. Curiosamente su mejor trabajo no tuvo que ver con el Mesozoico, sino con la evolución de los CABALLOS.

ANTEPASADOS DEL CABALLO

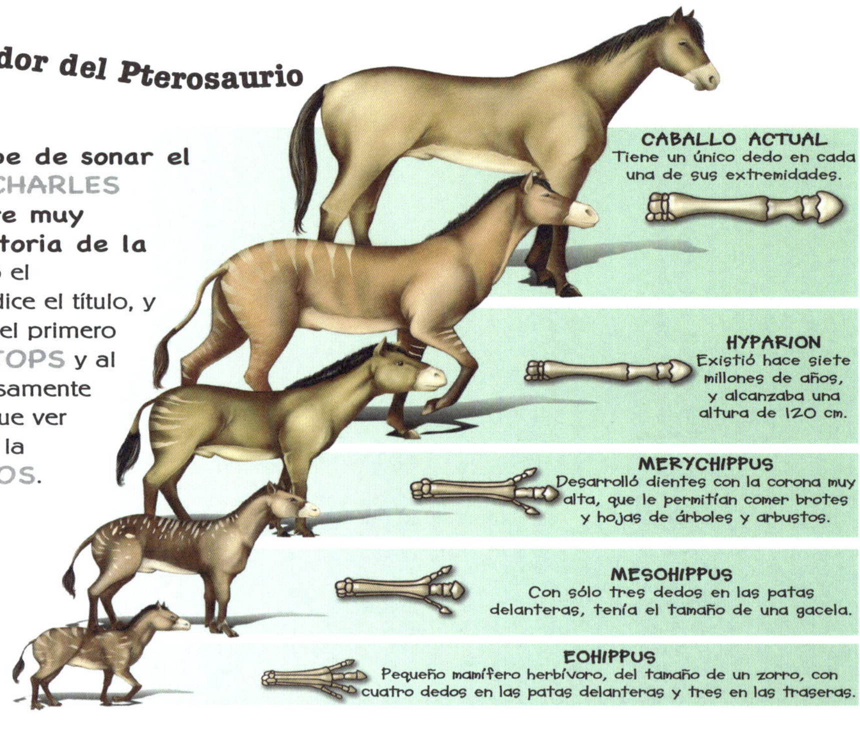

357 Avanzado a su tiempo

OTHNIEL MARSH **(1832-1899) fue uno de los primeros científicos americanos que creyó en la Teoría de la Evolución de Darwin, y gran parte de su trabajo sirvió para confirmarla.** También fue el primer americano que dijo que los pájaros venían de los dinosaurios: lo hizo en 1877, aunque su teoría se olvidó hasta los años 60 del siglo XX.

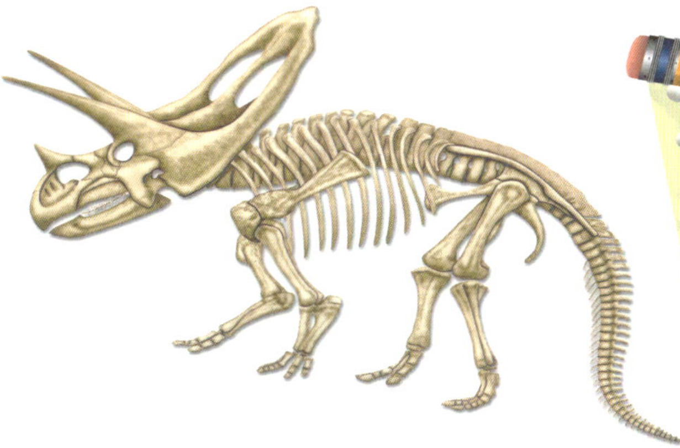

358 El primer profesor

MARSH fue el primer profesor de Paleontología de Estados Unidos. Aprendió el oficio en la Universidad de Berlín, donde conoció a EDWARD DRINK COPE.

359 Paleontólogo de sofá

OTHNIEL MARSH **se ganó fama de «paleontólogo de sofá» porque nunca iba a los yacimientos.** Tenía demasiado trabajo analizando los restos en el laboratorio como para ir viajando de aquí para allá; sólo estuvo cuatro temporadas en el campo, entre 1870 y 1873.

Tricerátops

Los grandes paleontólogos (II)

360 Muchos descubrimientos

Hay gente famosa por un solo descubrimiento, y otros que se ganan la fama a pulso: EDWARD COPE (1840-1897) es de los últimos. Cope descubrió 1.000 nuevas especies animales, incluyendo 56 dinosaurios y los mamíferos más antiguos que se conocen. Su especialidad fueron los anfibios y los mamíferos.

Edward Cope

Dimetrodón

361 La evolución

EDWARD COPE creía en la evolución de las especies, pero de manera diferente a DARWIN. Él apoyaba a JEAN-BAPTISTE LAMARCK cuando decía que los animales desarrollaban las partes que más utilizaban: según ellos, los GORILAS del mundo usaban mucho los brazos, así que tenían brazos más fuertes.

362 La ley de Cope

La LEY DE COPE dice que con los años los animales se hacen más grandes. Si esta teoría se demuestra, significa que las especies pueden sobrevivir bastante bien al crecer, porque el tamaño te da mejores defensas; pero al mismo tiempo las acerca a la extinción, porque cuanto más crecen, más comida necesitan.

363 Los amigos no hacen eso

EDWARD COPE y OTHNIEL MARSH **empezaron siendo buenos amigos:** Cope había hecho descubrimientos en Nueva Jersey, y Marsh, que era el único profesor de Paleontología americano, estaba muy interesado en verlos. Juntos desenterraron algunos esqueletos incompletos, pero su amistad se rompió el día en que Marsh pagó a los excavadores de Cope para que le llevaran a él los fósiles que habían encontrado. **¡Vaya cara más dura!**

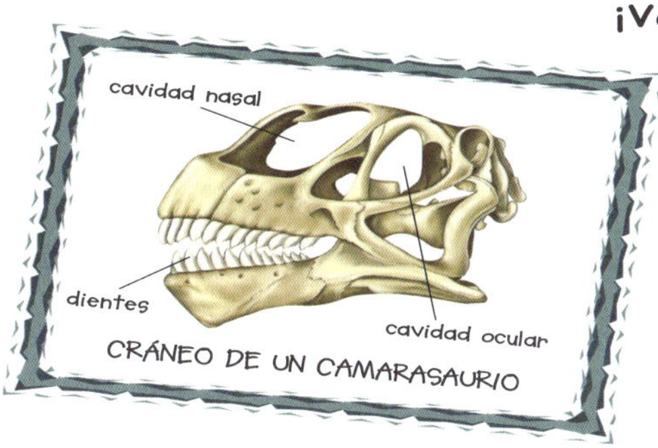

CRÁNEO DE UN CAMARASAURIO

Camarasaurio

364 ¡Esto es la guerra!

En 1870 los dos grandes paleontólogos pasaron a ser rivales para siempre: EDWARD COPE le puso a un ELASMOSAURIO la cabeza en la cola. OTHNIEL MARSH se burló de su error por todas partes. Así estalló una larga competición llamada «LA GUERRA DE LOS HUESOS». Y eso que Marsh también se equivocaba: **¡construyó un APATOSAURIO con cabeza de CAMARASAURIO, y nadie se dio cuenta hasta 1981!**

La guerra de los huesos

365 La guerra de los huesos

COPE y MARSH se declararon la guerra. Desde 1858 estos dos paleontólogos rivales comenzaron a buscar el título de mejor descubridor de animales extinguidos: esa competición se llamó «LA GUERRA DE LOS HUESOS». Antes de su pelea sólo se habían encontrado 18 especies de dinosaurios en Norteamérica: **cuando acabó, se conocían ya más de 130 especies**.

La capa protectora de yeso se retira con cuidado.

366 Verano - Invierno

MARSH y COPE tenían mucho dinero. Lo utilizaron para pagar, de su propio bolsillo, expediciones que viajaban al Oeste cada verano y enviaban toneladas de fósiles a las universidades del Este. Allí estudiaban los restos y publicaban sus descubrimientos en invierno.

Los huesos se limpian con gran delicadeza para no dañarlos.

367 Aprovechar oportunidades

Pero los paleontólogos modernos no recuerdan con cariño esta etapa de grandes descubrimientos. Y es que tanto OTHNIEL MARSH como EDWARD COPE aprovechaban cualquier oportunidad para fastidiar al contrincante haciendo trampas, sobornando a investigadores y políticos, cavando en territorio sagrado e intentando siempre que el otro quedara mal. **¡Terrible!**

368 Sabotajes para ser el mejor

Tan enfrentados estaban los equipos MARSH y COPE que a veces se robaban los fósiles descubiertos, tiraban bombas a los yacimientos del otro para destruir su trabajo y ¡hasta dinamitaron sus propios yacimientos para que el rival no pudiera seguir excavando allí!

Esqueleto de un Diplodocus

369 ¿Quién ganó la guerra?

Numéricamente, el ganador fue OTHNIEL MARSH: encontró 86 nuevas especies, mientras que EDWARD COPE sólo desenterró 56, pero los dos acabaron arruinados. Los únicos beneficiados de su enfrentamiento fueron los museos, que se quedaron con los fósiles que iban desenterrando: los de Cope están en la Academia de Ciencias de Filadelfia, y los de Marsh se reparten entre el Instituto Smithsonian y el Museo Peabody, en la Universidad de Yale, Connecticut.

Gracias a los museos y al cine, ha surgido entre el gran público el interés por conocer la vida y costumbres de estos fascinantes animales.

370 ¡Tramposo!

El paleontólogo belga LOUIS DOLLO quería demostrar que los IGUANODONTES caminaban a dos patas, pero las evidencias que había encontrado hasta el momento contradecían su teoría. En lugar de rectificar, rompió las colas de los fósiles para que se pudieran mantener derechos.

Los grandes paleontólogos (III)

371 La pirita

A finales del siglo XIX empezaron a celebrarse las primeras exposiciones de dinosaurios. Con los años había penetrado en los huesos un material llamado PIRITA, que al tocar el aire se convierte en sulfato de hierro: eso hizo que se rompieran. El Museo de Ciencias Naturales de Bruselas intentó solucionarlo con un remedio de alcohol, arsénico y laca, que sólo empeoró las cosas.

372 La cura de la pirita

Hoy sabemos que el error del antídoto del Museo de Bruselas fue que encerraba la humedad dentro de los huesos, lo que los estropeaba aún más. Para evitarlo, ahora se inyecta una sustancia artificial que quita la humedad, endurece los huesos y cura del todo la enfermedad de la PIRITA.

373 Una casa fósil

En Estados Unidos se encuentra la CASA MUSEO DE FÓSILES DE DINOSAURIOS. Es un lugar único, ya que además de contener una exposición de animales mesozoicos, la casa misma está completamente hecha de huesos de dinosaurio. La construyó en 1933 THOMAS BOYLAN con trozos de hueso del cercano yacimiento de **Como Bluff**. También construyó una casa de piedra tan grande como un DIPLODOCUS, para que la gente comprendiera el tamaño de aquel animal.

374 El paleontólogo revolucionario

Uno de los paleontólogos que han trabajado en Como Bluff es ROBERT T. BAKKER: con su pinta de motorista, su sombrero vaquero y su espesa barba, Bakker no tiene el típico aspecto de científico. Ha escrito una novela **(ver curiosidad 467)**, varios libros sobre dinosaurios, dio consejos para la película *Parque Jurásico* e incluso apareció en un videojuego de esa película dando pistas sobre las especies de dinos.

Robert T. Bakker

375 Siguen los grandes descubrimientos

Otros descubrimientos que han hecho los paleontólogos son: el GIGANTORRAPTOR, encontrado en China, que parecía un pájaro gigante de **¡8 metros de largo!**; y el EOCURSOR, un pequeño Tricerátops cretácico, que medía sólo 30 centímetros y era muy rápido, como los zorros actuales.

Estegosaurio

Los grandes paleontólogos (IV)

376 Bonaparte, el orgullo de Argentina

El paleontólogo argentino JOSÉ FERNANDO BONAPARTE descubrió, entre los años 70 y 90, un total de 21 dinosaurios en América del Sur, el PTERODAUSTRO (conocido como «PTEROSAURIO FLAMENCO»), varios ARCOSAURIOS y algunos PÁJAROS PRIMITIVOS. Fue el primero en darse cuenta de que los dinosaurios de Gondwana eran más grandes que los de Laurasia.

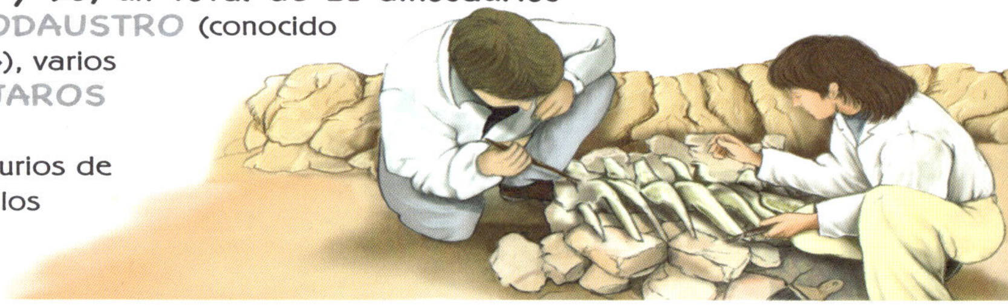

377 Ameghino, el pionero

Por la importancia de su trabajo, a JOSÉ BONAPARTE se le compara a veces con FLORENTINO AMEGHINO (1854-1911). Fue el primer gran científico argentino, paleontólogo, antropólogo y profesor de escuela. Estudió los fósiles de la Pampa y, para pagar las expediciones, abrió una librería con su hermano.

378 Ameghino, escritor

Y la verdad es que el trabajo de FLORENTINO AMEGHINO bastaría para llenar varias librerías: escribió 24 tomos de entre 700 y 800 páginas cada uno, con descripciones de casi mil animales extintos (muchos de ellos descubiertos por él).

379 «Dino Don» Lessem (I)

El americano DONALD LESSEM, apodado «DINO DON» Lessem, lleva años viajando por todo el mundo tras el rastro de los dinosaurios: supervisó la excavación y reconstrucción de los enormes GIGANOTOSAURIO y ARGENTINOSAURIO. Ha publicado más de 20 libros sobre el tema y escribe en la revista infantil en inglés más famosa, *Highlights for children.*

380 «Dino Don» Lessem (II)

«DINO DON» es el fundador de las dos mayores organizaciones que buscan fondos para la investigación del Mesozoico: The Dinosaur Society y Jurassic Foundation. Por eso, y por su empeño en acercar al mundo las maravillas de los dinosaurios, JOSÉ BONAPARTE bautizó en su honor a un Prosaurópodo triásico: el LESSEMSAURIO.

Los últimos descubrimientos (I)

381 Cazador legendario

La vida de ROY CHAPMAN ANDREWS (1884-1960) está llena de aventuras por los rincones más lejanos. China, que a principios del siglo XX era un lugar muy peligroso por las constantes guerras, el desierto de Gobi y Mongolia fueron sus principales objetivos. Allí rescató en 1923 los primeros huevos de dinosaurio y los llevó al Museo Americano de Historia Natural.

Ovirraptor

382 Indiana Chapman

ROY CHAPMAN se enfrentó a ballenas, tiburones, pitones y bandidos chinos para llevar sus descubrimientos al mundo occidental. En más de una ocasión le dieron por muerto, pero Chapman siempre consiguió salir de las situaciones más complicadas. Es normal que inspirara a STEVEN SPIELBERG y GEORGE LUCAS para crear al famoso aventurero INDIANA JONES.

Coelophysis

383 Nuevos datos

El trabajo del DR. SANKAR CHATTERJEE, del Museo de la Universidad Politécnica de Texas, ha permitido descubrir interesantes datos sobre los reptiles indios de final del Triásico: FITOSAURIOS, RHYNCHOSAURIOS y ARCOSAUROMORFOS como el TANYSTROPHEUS. En Texas ha encontrado al POSTOSUCHUS y el polémico PROTOAVIS, que han revolucionado las fechas de aparición de las aves en el planeta.

Tanystropheus

Postosuchus

384 El fin de los dinos

CHATTERJEE volvió a verse relacionado con su especialidad original: el movimiento de los continentes. Al ir a la India para examinar el enorme cráter de un meteorito, descubrió que hace 65 millones de años ese país chocó contra Asia: ese choque activó volcanes por todo el mundo, lo que, unido al polvo levantado por los meteoritos impactados en Canadá, México y la India, cambió el clima y mató a los dinosaurios.

Placerias

Los últimos descubrimientos (II)

385 El dino más grande

El equipo de LUIS ALCALÁ, **director de la Fundación Conjunto Paleontológico de Teruel,** descubrió el TURIASAURIO, el dinosaurio más grande de Europa. Otro descubridor de animales prehistóricos es MANUEL DOMÍNGUEZ-RODRIGO, especializado en mamíferos fósiles.

386 Los héroes

Hay muchos otros nombres importantes en la historia de la Paleontología, y la mayoría nunca se harán famosos. Son los ayudantes de los paleontólogos, muchas veces nativos que les conducen a los yacimientos. Es el caso de RICHARD MARKGRAF, un europeo enamorado del Sáhara, que entre 1901 y 1912 trabajó para el barón ERNST STROMER VON REICHENBACH como recolector de huesos.

387 El primer dino volador

En 1996, el equipo de investigadores de JOSÉ LUIS SANZ **descubrió en Cuenca el primer dinosaurio volador,** un reptil de 115 millones de años de antigüedad parecido a un avestruz, pero con el morro lleno de afilados dientes: lo llamaron PELECANIMIMUS.

Pelecanimimus

388 El dino más cornudo

Tricerátops

En 1996 un niño de 8 años llamado CHRISTOPHER WOLFE, descubrió en Nuevo México el fósil del dinosaurio cornudo más antiguo que se conoce: el ZUÑICERÁTOPS (vivió hace 90 millones de años), que tenía un tercer cuerno en la nariz. También le pueden poner tu nombre a un dinosaurio: el LEÆLLYNASAURIO del Polo Sur se llama así por Leællyn, la hija del paleontólogo que lo encontró en 1989.

389 Otros dinosaurios

En 2002 apareció un hueso de HADROSAURIO de 64,5 millones de años de antigüedad en Nuevo México. Esto significa que quedaban dinosaurios después de la gran extinción. Aunque también podría ser que los restos se hubieran movido a causa de los pequeños terremotos.
¡Habrá que investigar más!

Hadrosaurio

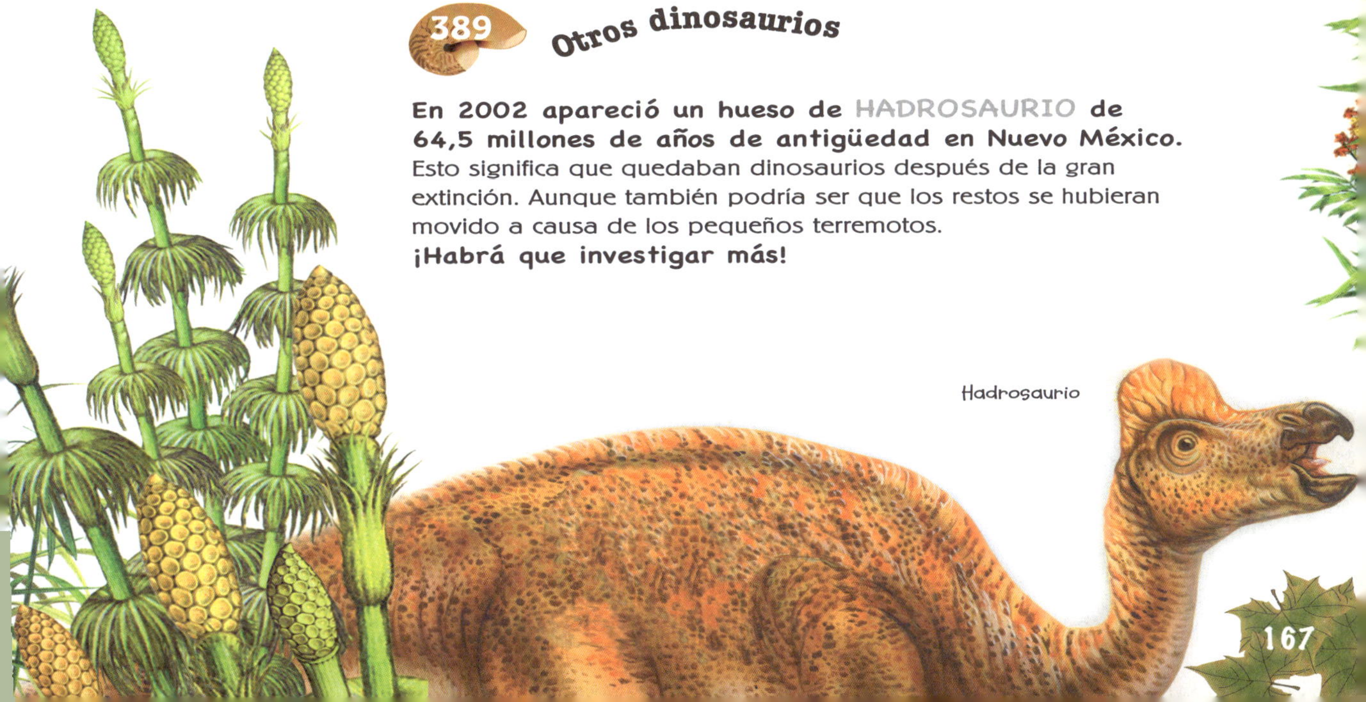

Los pioneros (I)

390 Dinos con tradición

Los dinosaurios aparecen en más de 700 películas, series y videojuegos: nos encanta imaginar qué pasaría si nos hubiéramos encontrado con ellos. Pero las historias de dinosaurios aparecieron antes de la invención del cine: **los dinos fueron famosos primero en los libros.**

Plesiosaurio

391 Viaje al centro de la Tierra (1864)

Julio Verne escribió en 1864 *Viaje al centro de la Tierra*, la historia de unos investigadores que descubren una inmensa cueva donde todavía conviven animales prehistóricos, aunque no auténticos dinosaurios. En la novela de Verne aparecen ICTIOSAURIOS, PLESIOSAURIOS y MASTODONTES.

Julio Verne

392 Lo que hemos aprendido

La ciencia ha avanzado mucho desde 1864: JULIO VERNE escribió que en el espacio la temperatura es de -40 °C y que los volcanes entran en erupción al mezclarse la lava con el agua, aunque hoy sabemos que no es cierto.

393 Más centros de la Tierra

La adaptación al cine de *Viaje al centro de la Tierra* **es una película de 1959 protagonizada por Pat Boone y James Mason.** Hay una versión española de 1976 dirigida por Juan Piquer Simón, tres miniseries televisivas, una obra de teatro de 2000, dos videojuegos e incluso un disco de 1974 con música de Rick Wakeman.

Ictiosaurios

394 El mundo perdido (1912)

ARTHUR CONAN DOYLE fue un escritor escocés muy conocido por haber inventado a SHERLOCK HOLMES. Pero también escribió novelas de aventuras como *El mundo perdido*, en la que el profesor Challenger y su equipo viajan a la selva de Sudamérica en busca de algún dinosaurio y acaban atrapados en un valle lleno de dinos.

Esta pintura es de Harry Rountree, el ilustrador original de la novela *El mundo perdido.*

Los pioneros (II)

Iguanodontes

Alosaurio

395 Los dinosaurios de *El mundo perdido*

En la novela aparecen MEGALOSAURIOS, IGUANODONTES y ESTEGOSAURIOS; reptiles marinos, como los ICTIOSAURIOS y los PLESIOSAURIOS; monstruos alados, como el PHORUSRHACOS o el DIMORPHODÓN, y varios mamíferos primitivos. El equipo del profesor Challenger se lleva a casa un PTEROSAURIO, animal extinto que, como ahora ya sabes, no era un dinosaurio.

396 Error de bulto

DOYLE cometió algunos errores al describir el tamaño de sus reptiles: por ejemplo, un ALOSAURIO «tan grande como un caballo» ataca el campamento de los protagonistas. Pues debía de ser un bebé, porque los Alosaurios podían medir casi 10 metros.

Alosaurio

397 Dinosaurios en el avión

El 22 de junio de 1925 se estrenó la primera versión cinematográfica de *El mundo perdido*, dirigida por Harry Hoyt. También fue la primera película proyectada en un avión, en un vuelo entre Londres y París, y la primera en utilizar la técnica de animación con muñecos STOP MOTION para dar vida a sus dinosaurios.

398 Demasiados mundos perdidos

Un total de 6 películas y 3 series de televisión han adaptado *El mundo perdido*. A veces los guionistas cambian la novela para que haya otras personas en el valle, pero en otras ocasiones parece que haya más gente dentro del mundo perdido: en una de las series, Challenger y sus exploradores llegaron a encontrarse con los descendientes del rey Arturo e incluso con el terrorífico Jack el Destripador.

399 Gertie the dinosaur (1914)

Uno de los primeros dibujos animados de la historia fue *Gertie the dinosaur*, un cortometraje creado por Winsor McCay y protagonizado por un apacible BRONTOSAURIO. Fue el primer dinosaurio animado.

397

398

399

1914-1933: los primeros reyes

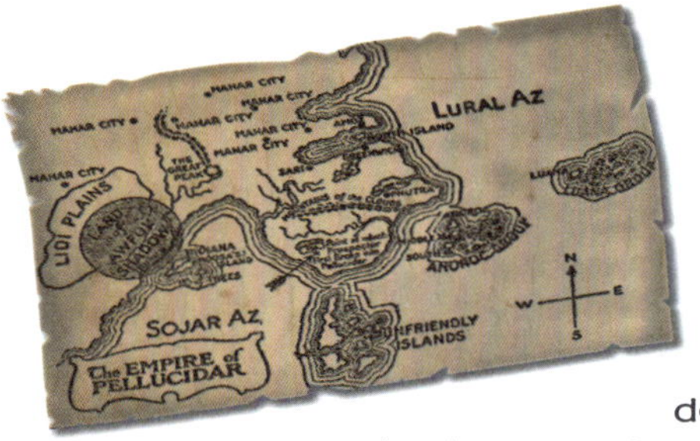

400 Pellúcidar

El escritor EDGAR RICE BURROUGHS dijo en su novela *At the Earth's core (En el centro de la Tierra)* **que la Tierra estaba hueca y que a 750 kilómetros de profundidad existía un mundo llamado PELLÚCIDAR.** Burroughs describió a diversos dinosaurios y otros animales que sobrevivían bajo tierra. Tan interesantes son las historias de Pellúcidar que la editorial de cómics DC creó Skartaris, un mundo muy parecido, dinosaurios incluidos.

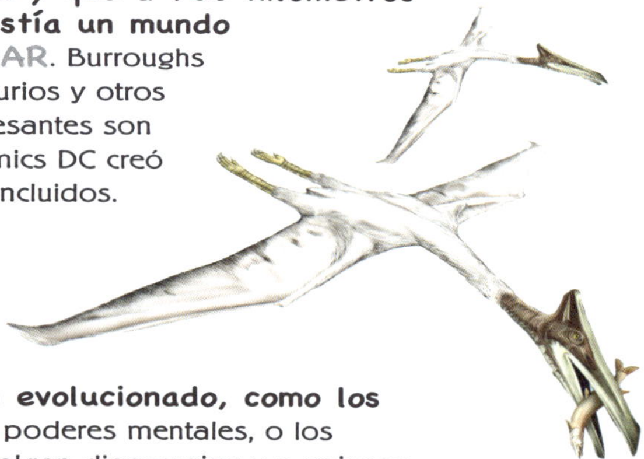

401 Más sorpresas en Pellúcidar

Algunos animales de Pellúcidar habían evolucionado, como los Mahars, malvados PTEROSAURIOS con poderes mentales, o los Horibs, una raza de hombres lagarto que cabalgan dinosaurios y a quienes se enfrentó Tarzán, el personaje más famoso de Burroughs, cuando estuvo en Pellúcidar.

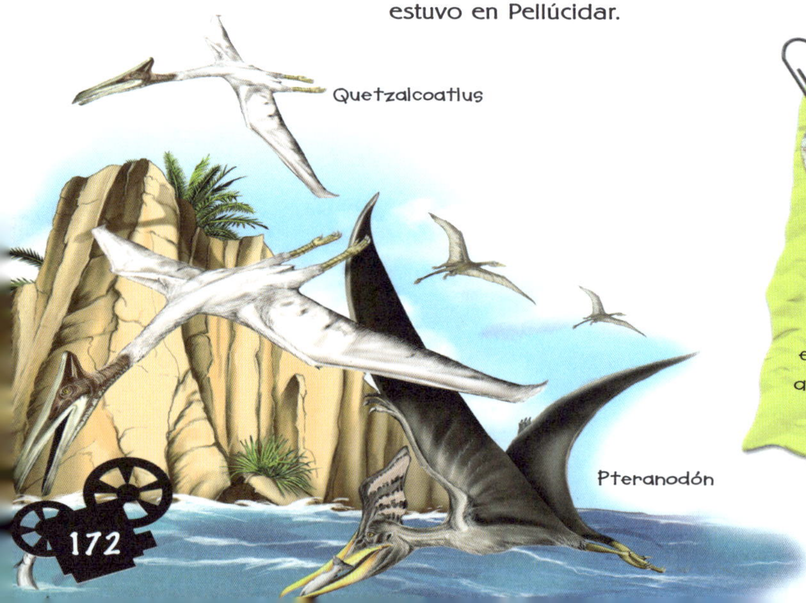

Quetzalcoatlus

Pteranodón

402 La posteridad

«Tierra olvidada por el tiempo» y «Mundo perdido» se han convertido en expresiones habituales para referirse a lugares de difícil acceso en los que sobreviven especies totalmente desconocidas o que se creían extintas. Y todavía existen unos cuantos sitios así: en 2006 se descubrió un valle en Indonesia con más de 40 nuevas especies.

403 La tierra olvidada por el tiempo (Novela 1918, película 1975)

BURROUGHS y los dinosaurios volverían a encontrarse en esta novela: durante la Primera Guerra Mundial, un par de náufragos llegan a la misteriosa isla de Caprona, plagada de vida prehistórica de diversas épocas: PTEROSAURIOS, TIRANOSAURIOS, DIENTES DE SABLE... Los protagonistas quedan tan sorprendidos que cuando se construyen un refugio lo llaman Fort Dinosaurio.

Dryptosaurus

404 King Kong (1933, 1976 y 2005)

La Isla de la Calavera, el lugar del que proviene el simio gigante más famoso del cine, está poblada por APATOSAURIOS y TIRANOSAURIOS. **¡Ah, por cierto!,** según el DVD de la última versión de la película, el nombre científico de King Kong sería MEGAPRIMATUS KONG y habría evolucionado del GIGANTOPITHECUS, un simio de 3 metros que vivió hace cinco millones de años en China.

405 La Isla de la Calavera

¿Has reconocido a todos los dinosaurios que aparecen en la versión de *King Kong* de 1933? Los visitantes de la isla molestan a un ESTEGOSAURIO que se lanza sobre ellos; hay un APATOSAURIO erróneamente situado en el pantano y una mezcla de TIRANOSAURIO y ALOSAURIO contra el que lucha King Kong. Por los aires de la isla vuelan RHAMPHORHYNCHUS, PTERANODONTES y un ARQUEOPTÉRIX.

406 Inventar dinos

***El hijo de Kong* (1933) es la segunda parte de estas aventuras:** esta vez en la Isla de la Calavera aparecen un ESTIRACOSAURIO y un PLESIOSAURIO. En la película de King Kong de 2005, no hay dinos reconocibles: todos son inventados.

1940 - 1948: O'Brien, Disney y Batman

407 Hace un millón de años (1940)

Esta película fue la primera que intentó enseñar cómo era la vida de los cavernícolas. Pero siguieron equivocándose con los dinosaurios, porque hace 1 millón de años ya no quedaba ninguno, ni siquiera uno tan pequeño como el TRICERÁTOPS del tamaño del cerdito del inicio del filme.

Cartel de una película de 1918 de Willis O'Brien.

408 Muñecos animados

Los fósiles no se mueven. ¿Cómo se las arreglaban todas estas películas para enseñarnos dinosaurios en acción? Algunas películas usaban la técnica del STOP MOTION inventada por WILLIS O'BRIEN (el creador de los efectos especiales de *El mundo perdido* y *King Kong*): consiste en grabar muñecos foto a foto, moviéndolos un poquito cada vez. Si luego se pasan rápidamente todas las fotos (como se hace en una película), parece que el muñeco se mueve.

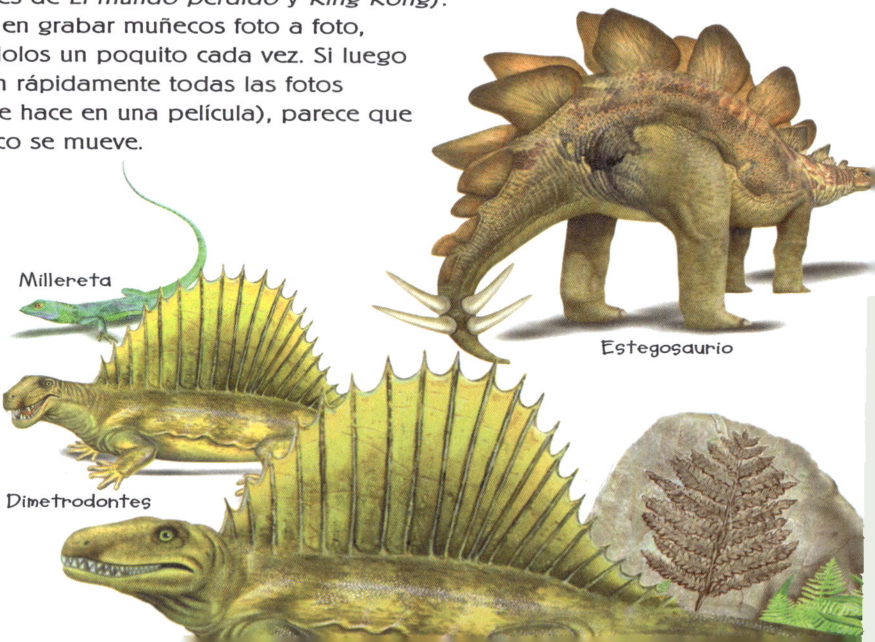

409 Fantasía (1940)

Dimetrodón

Esta película musical tiene un apartado con música de Igor Stravinsky, «El rito de la primavera», que cuenta el reinado de los dinosaurios. WALT DISNEY animó a los dinos de forma realista, aunque cometió errores, como mezclarlos con el DIMETRODÓN, a los que no dio mucha importancia; cuando le avisaron de que había dibujado manos con tres dedos al TIRANOSAURIO (que sólo tenía dos), Disney contestó: **«Pero le sienta mejor tener tres»**.

Tiranosaurio rex

410 El T-Rex de *Batman* (1946)

En la Batcueva siempre se ve al fondo una carta gigante, una enorme moneda y un TIRANOSAURIO REX. El origen del Rex se explicó en una historia en la que unos ladrones robaban un dinosaurio robot de un parque de atracciones. Batman los detuvo, y el dueño del parque, agradecido, le regaló el robot.

411 El nacimiento del Slurpasaurio

Otro sistema más «bestia» que la animación STOP MOTION era coger reptiles de verdad (lagartijas y varanos), pegarles aletas y cuernos, y grabarlos de cerca para que en la pantalla parecieran gigantes: a éstos se les llama SLURPASAURIOS, que significa algo así como «ÑAMÑAMSAURIOS».

Viajes en el tiempo

412 El ruido de un trueno (1952)

El cuento de ciencia ficción que se ha publicado más veces es *El ruido de un trueno*, **de Ray Bradbury. ¿Que qué tiene eso que ver con los dinosaurios?** Es que *El ruido de un trueno* es la historia de un hombre que viaja al pasado para cazar un TIRANOSAURIO: por error pisa una mariposa y sin querer cambia el futuro. Fue adaptado al cine en 2005 y hay una canción sobre él en el primer disco de DURAN DURAN.

413 Dinosaurios kryptonianos (1952-1964)

En KRYPTON, el planeta originario de SUPERMAN, tenían perros como los de la Tierra: ¿por qué no iban a tener también dinosaurios? Conocemos a tres: el Snagriff, un lagarto de 3 metros con alas, que comía metal; el Drang, una inmensa serpiente púrpura con cabeza de ELASMOSAURIO y un cuerno; y las bestias-pensamiento, una especie de ESTIRACOSAURIOS que mostraban sus pensamientos como películas proyectadas en sus collares escudo.

Tiranosaurio

414 El monstruo de tiempos remotos (1953)

En esta película de aventuras se descongela un dino de 30 metros llamado RHEDOSAURIO y destruye buena parte de Nueva York. El Rhedosaurio parecía una mezcla de TIRANOSAURIO y COCODRILO, y encima contagiaba una enfermedad mortal. Pero no temas: este dinosaurio no existió jamás fuera de esta emocionante historia y de la imaginación de su creador: el genial Ray Harryhausen.

Tricerátops

Estegosaurio

415 Godzilla (1954)

Al año siguiente de *El monstruo de tiempos remotos*, **los japoneses de la productora Toho crearon a** GODZILLA. Este popular monstruo nacido de la radiación atómica (como el RHEDOSAURIO) tiene un aspecto que mezcla características del IGUANODÓN, el TIRANOSAURIO REX y el ESTEGOSAURIO.

416 Honorable monstruo gigante

En japonés, a los monstruos gigantes como GODZILLA, GAMERA **o** KING KONG **se les llama** KAIJU, que significa «BESTIA MISTERIOSA». Y si el monstruo ya es más grande que un rascacielos, entonces se le llama DAIKAIJU.

Iguanodón

417 Turok (cómic y videojuegos)

REX MASON **creó en 1954 un cómic con un par de personajes insólitos en las historias de dinosaurios:** el indio americano TUROK y su compañero ÁNDAR, que se enfrentaban a los gigantescos reptiles que sobrevivían en un mundo perdido de Nuevo México donde el tiempo avanzaba muy lentamente. Desde 1997, Turok se ha convertido en un héroe de videojuegos.

1955-1965: Yaba-daba-kazar

418 Viaje a la prehistoria (1955)

Mamut

Esta película checa explica el viaje de un grupo de amigos que dan una vuelta en barca por un río subterráneo y se dan cuenta de que están retrocediendo hasta la era de los dinosaurios. Conocerán MAMUTS, ESTIRACOSAURIOS, BRONTOSAURIOS, ESTEGOSAURIOS y hasta PTERANODONTES.

419 Los Picapiedra (1960-1966)

¡Yaba-daba-du! DINO, el «perro» de Wilma y Pedro Picapiedra, es el dinosaurio estrella de la televisión desde 1960. Se trata de un imaginario «snorkasaurio», aunque, más allá de su aspecto, Dino se comporta como un perro guardián grandote y baboso al que le encanta pelearse con el felino familiar: el tigre dientes de sable Baby Puss.

420 Ingenio prehistórico

En el mundo de los Picapiedra, el hombre utiliza dinosaurios y otras criaturas prehistóricas para realizar las funciones de aparatos modernos. Por ejemplo, enormes QUETZALCOATLUS transportan a los viajeros de Aerolíneas PTERODÁCTILO, hay APATOSAURIOS-excavadora y MINIMAMUTS-aspiradora.
Ya sabemos que todos esos animales nunca vivieron juntos, pero **¿a que hubiera sido divertido?**

Eudimorphodontes

421 Dinos en la Segunda Guerra Mundial (1960)

En 1960 a Robert Kanigher se le ocurrió mezclar el cómic de guerra con las historias de dinosaurios e inventó *Dinosaur Island*, un rincón perdido del Pacífico Sur: las aventuras de los soldados que se encontraron con dinos durante la Segunda Guerra Mundial se publicaron bajo el título *La guerra que el tiempo olvidó*.

422 El productor prehistórico (1962)

Ya hemos visto que a Ray Bradbury le fascinaban los dinosaurios: en el cuento «El productor prehistórico» un productor de cine con muy malas pulgas, Joe Clarence, descubre que la gente le ve como si fuera un TIRANOSAURIO. ¿Se volverá Clarence más amable? **¡No! ¡Aprenderá a disfrutar de su «tiranosauricidad» como un buen depredador!**

Apatosaurio

Tiranosaurio

423 La Tierra Salvaje (1965)

Muchos superhéroes de los cómics Marvel, desde SPIDERMAN hasta la PATRULLA-X, se han enfrentado a dinosaurios sin viajar en el tiempo. Porque en el universo Marvel existe la Tierra Salvaje, un lugar cálido escondido en el Polo Sur donde conviven dinosaurios y dientes de sable, junto a tribus de mutantes y un matrimonio de Homo sapiens: los valientes Ka-Zar y Shanna.

1966-1974: humanos contra dinos

424 Hace un millón de años (1966)

En la segunda versión del filme de 1940, vuelven a caer en el mismo error: ¡que hace 1 millón de años ya se habían extinguido todos los dinos! Al menos la película nos da la oportunidad de ver ALOSAURIOS, TRICERÁTOPS y CERATOSAURIOS animados por el gran mago de los efectos especiales Ray Harryhausen, **¡e incluso llaman correctamente** ARCHELÓN **a la tortuga de 4 metros que ataca a los protagonistas!**

Pteranodontes

425 Sauron

¿Un PTEROSAURIO **vampiro que vomita fuego? Sí, un personaje así de extraño crearon Roy Thomas y Neal Adams en 1969:** se llama Sauron, como el villano de *El señor de los anillos*. En los cómics Marvel, Sauron es el lado maligno de un bondadoso psiquiatra que consiguió sus extraños poderes al ser mordido por Pterodáctilos mutantes de la Patagonia. **¡Menudo origen más raro!**

426 El valle de *Gwangi* (1969)

Inspirado en un proyecto de su maestro Willis O'Brien, Ray Harryhaussen llevó adelante esta película, en la que unos vaqueros cazan un ALOSAURIO en México y lo llevan a la civilización, hasta que se escapa en plena ciudad. Ray eligió los fósiles equivocados para modelar a GWANGI, el Alosaurio protagonista, porque se trataba de huesos de TIRANOSAURIO.

Alosaurio

Quetzalcoatlus

427 Dinos y humanos (1970)

En 1970 se estrenaron más películas de dinosaurios y cavernícolas.
Ésta fue rodada en las Islas Canarias y tenía unos efectos especiales inigualables con STOP MOTION y SLURPASAURIOS para mostrarnos TRICERÁTOPS, ALOSAURIOS, PLESIOSAURIOS, PTEROSAURIOS e incluso... **¿cangrejos gigantes?**

Tiranosaurio

428 La invasión de los dinosaurios (1974)

En esta serie, el protagonista Doctor Who es un defensor de la Tierra que viaja por el tiempo protegiéndonos de amenazas extraterrestres.
A lo largo de seis capítulos, TIRANOSAURIOS, PTERODÁCTILOS y ESTEGOSAURIOS aparecen y desaparecen en el presente como parte del plan de unos ecologistas radicales que quieren echar a los humanos de Londres. Otra vez vuelven a confundir TIRANOSAURIOS y ALOSAURIOS.

Tricerátops

Dinosaurios de cómic

Estegosaurio

429 Stegron (1974)

En el número 19 del cómic ***Marvel Team-Up*** **apareció un enemigo de Spiderman muy singular:** Stegron, mezcla de hombre y ESTEGOSAURIO. Stegron tenía superfuerza, piel escamosa a prueba de balas, una cola amenazante y el poder de provocar estampidas de dinosaurios. **¿De dónde sacó Stegron dinosaurios en plenos años 70?** Mira el número 423 y lo sabrás...

430 Casimir (1974-1982)

Los niños franceses que vivían a mediados de los años 70 recuerdan con cariño al dinosaurio CASIMIR, el protagonista del programa de televisión *L'ile aux enfants*. Casimir es un dinosaurio naranja de 2 metros de largo con manchas rojas y amarillas. Su comida favorita es el gloubi-boulga, una mezcla de confitura de fresa, chocolate en polvo, plátano, mostaza y salchicha cruda. **No parece muy apetitosa, ¿verdad?**

Casimir

431 Devil Dinosaur (1978)

Al fin un dinosaurio consiguió protagonizar su propio cómic: en 1978 Jack Kirby, creador de LOS 4 FANTÁSTICOS y el CAPITÁN AMÉRICA, imaginó un mundo en el que convivían dinosaurios y humanoides. En ese mundo creó a un TIRANOSAURIO mutante llamado **Devil Dinosaur** y a su amigo, el cavernícola **Moon Boy**. Tener un colega tiranosaurio debe de ser **muy guay...**

432 Los dinos en los cómics

En los años 70 los dinos abundaban en las viñetas. En 1977 aparecía el primer número de una revista de cómic inglesa de ciencia ficción, *2000 AD*: allí nació la serie FLESH («Carne»), en la que un grupo de ganaderos del siglo XXII viaja al Cretácico para conseguir filetes de dinosaurio. Los dinos más famosos de la serie son Old One Eye, una gigantesca T-REX, y su hijo Satanus, clonados y devueltos a la vida en el futuro.

Cambios en los años 80

Camarasaurios

433 Divertirse con los dinos

Otras series sobre dinosaurios han tenido su lugar en *2000 AD*: DINOSTÍA era una parodia de la realeza cambiando a los nobles por dinos, y en XTNC los dinosaurios reaparecen en el futuro y deciden comerse a los últimos 200 humanos antes de que éstos destruyan el mundo. En las historias del Juez Dredd existe también el Parque Nacional de Dinosaurios, una especie de Parque Jurásico creado 12 años antes que la novela de Michael Crichton.

434 ¿Dinos en otros planetas?

La novela *El planeta de los dinosaurios* (1979), escrita por Anne McCaffrey, explica una misión que consiste en explorar un lejano planeta, donde aparecen enormes TERÓPODOS y pacíficos ORNITÓPODOS. Pero, **¿cómo han llegado hasta allí? ¿Serán iguales que los dinosaurios terrestres? ¿O la evolución los ha llevado por caminos distintos?**

435 La isla del terror

En 1975 Gary Gygax inventó el primer juego de rol: *Dragones y Mazmorras*. Pero en ese mundo de espadas, elfos y orcos también hay sitio para los dinosaurios. Aparecieron por primera vez en 1981 en la aventura *La isla del terror* (*Isle of dread*), que transcurre en el mundo de Greyhawk. En esta «isla olvidada por el tiempo» siguen existiendo dinosaurios, incluso uno que se ha vuelto loco **¡al comer una planta alucinógena!**

Velocirraptor

436 Videojuegos de los años 80

Durante los años 80 los dinosaurios aparecieron poco en el mundo de los VIDEOJUEGOS. Destaca *Dino Eggs* (1983), un juego de plataformas en el que tenías que buscar HUEVOS de dinosaurio y mantener encendida una hoguera para mantener alejada a su madre. En *Designasaurus II* (1990), debías mezclar partes de diversos dinosaurios y enviar a la criatura resultante a PANGEA para recuperar códigos genéticos robados. **¡Guau!**

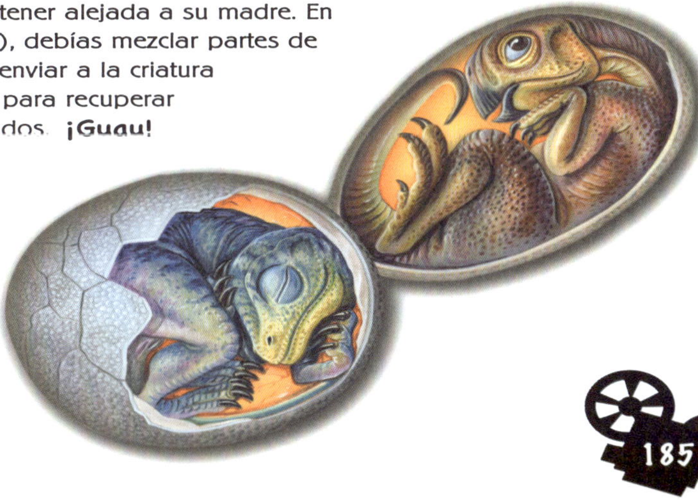

1983-1984: ciencia-ficción

437 ¿Qué quieres ser de mayor?

Tricerátops

A Ray Bradbury le gustaban mucho los dinos, y realizó un cuento con el título «Aparte de dinosaurio, ¿qué quieres ser de mayor?» (1983). Nos cuenta la historia de un niño que se pregunta a sí mismo ¿qué vale la pena ser cuando crezca? Ni médico, ni abogado, ni astronauta: él quiere ser un dinosaurio. **¡Y le entiendo! De mayor, a mí me encantaría ser un TRICERÁTOPS de 9 metros. ¿Y a ti?**

438 *Transformers* (1984-1987)

Sólo cinco de los robots transformables dirigidos por Optimus Prime se convierten en dinosaurios: son los DINOBOTS. Grimlock, el líder, se convierte en TIRANOSAURIO; Slag es un TRICERÁTOPS; Sludge, un BRONTOSAURIO; Snarl, un ESTEGOSAURIO, y Swoop, un PTERANODÓN. Son un grupo de robots muy rebeldes, pero al mismo tiempo también son cinco de los Transformers más poderosos.

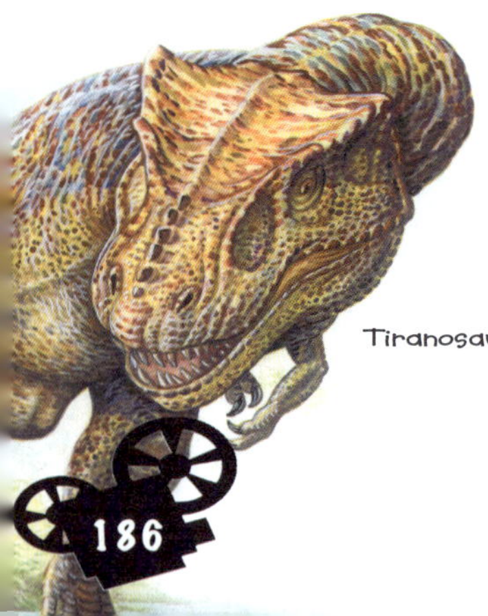

Tiranosaurio

439 La nueva dimensión desconocida (1985)

En el tercer capítulo de esta serie, titulado **«JUEGO DE PALABRAS»**, un hombre debe volver a aprender a hablar cuando el lenguaje de la gente a su alrededor se transforma, cambiándose unas palabras por otras. En el idioma del nuevo mundo la palabra para hablar del almuerzo es... **DINOSAURIO**.

Eudimorphodontes

440 La evolución de los dinos

Los Supervivientes (1984) es la segunda parte de la novela *El planeta de los dinosaurios*: los PTERODÁCTILOS han evolucionado hasta convertirse en los inteligentes GIFFS, pero se encuentran atrapados sin poder evolucionar.

Centrosaurio

1985-1988: la revolución

441 Baby (1985)

En el mundo real el profesor de bioquímica Roy Mackal viajó en 1980 al Congo para estudiar las leyendas sobre un dinosaurio que seguía vivo, el MOKELE-MBEMBE. Bill Norton dirigió cinco años después esta película, en la que dos paleontólogos encuentran un APATOSAURIO bebé y deciden protegerlo de un cazador inspirado en el doctor Mackal.

Los tentáculos del calamar gigante de la película *20.000 leguas de viaje submarino* (1954)

Apatosaurios

442 Los animatrónicos

Baby **se rodó antes de que los efectos especiales por ordenador estuvieran avanzados, así que todos los dinosaurios de la película eran ANIMATRÓNICOS.** Un animatrónico es un robot que se mueve siguiendo un programa concreto. Fueron creados por Lee Adams para la compañía DISNEY: el primer animatrónico fue el calamar gigante de la película *20.000 leguas de viaje submarino* (1954).

443 *Cadillacs y dinosaurios* (1986-1988)

En los años 80 nacían nuevas formas de explicar aventuras con dinosaurios. El videojuego y serie de animación *Cadillacs y dinosaurios*, así como su cómic *Xenozoic Tales* contaba la historia de cómo la Humanidad vuelve a salir al exterior después de pasar 600 años bajo tierra para escapar de los desastres naturales que había provocado, y descubre que los dinosaurios han vuelto.

444 Combustible, ¿fósil?

El petróleo, del que sale la gasolina, es un combustible FÓSIL: se le llama así porque se forma tras miles de años a partir de los restos de plantas y animales muertos. Es paradójico que, en el mundo de *Cadillacs y dinosaurios*, donde el hombre ha olvidado cómo refinar el petróleo, los protagonistas han inventado motores que funcionan **¡con caca de dinosaurio!**

445 *Dinosaucers* (1987)

Esta serie de dibujos animados cuenta la batalla entre Dinosaucers y Tyrannos, dos grupos de hombres lagarto extraterrestres. Los héroes pueden «dinovolucionar» y convertirse en dinosaurios inteligentes. Los malvados Tyrannos, en cambio, poseen una Pistola Devolucionadora, que los convierte en dinosaurio pero con el cerebro primitivo de un dino, además del temible «fosilizador» que petrifica a los enemigos.

El Stenonychosaurus, un pariente próximo del Troodon, era según algunos científicos el dinosaurio más inteligente.

Dinos animados

Nyctosaurio

446 La Dinoforce (1988)

Goryu (TIRANOSAURIO), Kakuryu (TRICERÁTOPS), Rairyu (PTERODÁCTILO), Doryu (ESTEGOSAURIO), Yokuryu (APATOSAURIO) y Gairyu (ANQUILOSAURIO) son los seis Decepticons con forma de reptiles antediluvianos que obedecen al destructor Deszaras. Tras caer heridos en la Tierra por el impacto de un meteorito, los Autobots los repararon y, en agradecimiento, la Dinoforce les dio información sobre los planes de sus enemigos.

Anquilosaurio

447 En busca del valle encantado (1988)

En busca del valle encantado **nació en 1988 de la mano de Don Bluth, George Lucas y Steven Spielberg.** Los cinco protagonistas son un APATOSAURIO (Piecito), una TRICERÁTOPS (Cera), una PTERANODÓN (Petrie), un ESTEGOSAURIO (Púas) y un SAUROLOPHUS (Patito), y ya han vivido juntos muchísimas aventuras.

Tiranosaurio

Tricerátops

Estegosaurio

448 *Denver, el último dinosaurio* (1988)

Tras el éxito de la película de Don Bluth, nacieron más series de dibujos animados protagonizadas por dinosaurios: en *Denver, el último dinosaurio*, una especie desconocida de dino sale del cascarón en pleno siglo XX, y un grupo de amigos le enseña a bailar, tocar la guitarra y pasear en monopatín.

Pteranodón

Apatosaurios

449 *Los nuevos dinosaurios* (1988)

En vez de hacer viajar en el tiempo a alguien hasta el Mesozoico, *Los nuevos dinosaurios* **se pregunta cómo sería la fauna actual si los dinos no se hubieran extinguido y hubieran tenido la oportunidad de seguir evolucionando.** Su autor, Dougal Dixon, tuvo en cuenta la competición que se habría despertado entre los animales que conocemos y en qué casos habrían ganado los dinosaurios.

Parque jurásico, la película

450 Novela 1990, película 1993

El protagonista de esta fascinante historia en que los dinosaurios pueden volver a la vida gracias a la clonación es el paleontólogo Alan Grant. Pero, ¿sabías que el autor, Michael Crichton, se basó en un paleontólogo de verdad? Pues sí, en Jack Horner, descubridor de los Mayasaurios y experto en el crecimiento de los dinos.

451 El sexo de los dinos

Los protagonistas de esta novela se preguntan si un dinosaurio puede cambiar de sexo, porque el **ADN** incompleto de los dinosaurios se rellenó con el de una rana que tiene esa capacidad. Además de en algunos **ANFIBIOS**, los biólogos han encontrado esa capacidad en dos **DRAGONAS DE KOMODO** del zoo que tuvieron cinco crías sin ningún macho. **¿Cambiaron las lagartas de sexo para autofecundarse?**

Mayasaurios

452 Errores jurásicos

Tanto en la novela como en la película de *Parque Jurásico*, **los** DILOFOSAURIOS **son capaces de escupir una sustancia pegajosa que ciega o envenena a sus víctimas:** no hay ningún dato en la realidad que lleve a sospechar que lo pudieran hacer, pero teniendo en cuenta sus débiles mandíbulas les habría venido muy bien, eso sí.

Troodon

453 Y más errores

Michael Crichton decía que los TIRANOSAURIOS **no podían ver las cosas que no se movían,** pero el Tiranosaurio tenía muy buena vista. De hecho, fue uno de los pocos dinos, junto al TROODON, que desarrolló visión estereoscópica.

Mamut

454 Y también aciertos

No todo van a ser fallos: *Parque Jurásico* **despertó el interés por clonar animales extintos.** De momento es imposible pensar en clonar dinosaurios, porque no tenemos suficiente material genético, pero, **¿y los** MAMUTS**?** Desde 2005 conocemos todo su mapa genético y podríamos llenar los huecos con algo mejor que una rana: ADN de elefante.

1991-1994: llega el realismo

455 *Jurassic Park:* aventura en el río

Varios parques de atracciones Universal tienen una montaña rusa acuática de *Parque Jurásico*: simulan que el parque abrió y nos dan un tranquilo paseo por el río viendo ULTRASAURIOS, PSITTACOSAURIOS y ESTEGOSAURIOS hasta que un PARASAUROLOPHUS golpea la barca y los visitantes son arrojados a la sección de los VELOCIRRAPTORES, escapan de dos COMPSOGNATHUS, varios DILOFOSAURIOS y un TIRANOSAURIO, **y al final… Ah, no, el final lo tendrás que descubrir tú.**

456 Un bebé dino

En 1991 el dibujante de manga Masashi Tanaka creó a ***Gon*****, un bebé** TIRANOSAURIO **de medio metro de altura con mal genio.** Sus aventuras transcurren en el Paleolítico, aunque Tanaka no ha explicado nunca cómo sobrevivió Gon a la extinción del Cretácico. En las historias de Gon no hay ni una sola palabra, aunque se entienden perfectamente. ¿Tú has oído alguna vez hablar a un dinosaurio?

Dilofosaurios

457 Dinos en marionetas

Jim Henson, creador de los *Teleñecos* **y** *Barrio Sésamo*, **puso en 1991 todos sus conocimientos sobre marionetas al servicio de los dinosaurios.** El resultado es una serie divertidísima, *Dinosaurios*, a medio camino entre *Los Picapiedra* y *Los nuevos dinosaurios*: una familia compuesta por Earl, un poderoso MEGALOSAURIO; su esposa Fran, una ALOSAURIO con pinta de DILOFOSAURIO, y sus tres hijos, que se enfrentan a los retos de la vida diaria, como el trabajo, los estudios... y la extinción.

Megalosaurio

458 La vida en peligro

En el último capítulo de *Dinosaurios* **descubrimos que las acciones irresponsables de la industria y su poca consideración con el medio ambiente acaban provocando la desertización del planeta,** la Edad del Hielo y la destrucción de los dinosaurios. Teniendo en cuenta la amenaza actual del efecto invernadero, **da que pensar...**

Originalidad en los años 90

Anquilosaurio

Tiranosaurio

459 Hombres - Dinos

Ya hemos visto que en los mundos de **DRAGONES Y MAZMORRAS** se esconden dinosaurios. Pero lo que no sabes es que también hay una raza de hombres-dinosaurio: los **SAURIALES**. Viven apartados en un valle del planeta Faerun y se conocen cuatro especies: los Espaldafilos (ESTEGOSAURIOS humanoides), los Cabezaletas (parecidos a SAURÓPODOS), los Voladores (PTEROSAURIOS con cuerpo de persona) y los Cabezacuernos (entre el TRICERÁTOPS y el ANQUILOSAURIO).

460 Un pato curioso

En el capítulo 25 de la serie DISNEY *El Pato Darkwin* **(1991) aparece un curioso personaje llamado Doctor Fósil.** Antiguamente un paleontólogo, hasta que fue «devolucionado» y convertido en PTERANODÓN (hoy sabemos que los pájaros no descienden de los Pterosaurios), el Doctor Fósil odiaba la poca consideración de la gente por el pasado y se propuso extinguir a los habitantes del planeta junto a su ayudante Stegmutt, un forzudo ESTEGOSAURIO bípedo.

Estegosaurios

461 Videojuegos: los 90

Hoi **(1992), cartucho de la consola Amiga, es quizás el primer videojuego en el que controlamos a un dinosaurio que busca pareja.** Muy original resulta también la idea de *Dino Park Tycoon* (1993): se trata de hacer funcionar correctamente un zoo de dinosaurios, una idea que aprovecharon después *Jurassic Park III: Park Builder* (2001), *Zoo Tycoon: Dinosaur Digs* (2002), *Dino Island* (2002)...

Carnotauro

Compsognathus

462 Una isla perdida con dinos

La novela de James Gurney *Dinotopia: una tierra más allá del tiempo* **presentó en 1992 una isla perdida en la que convivían pacíficamente** náufragos con los descendientes de los dinosaurios que sobrevivieron a la extinción del Cretácico. Desde entonces, más de 20 novelas, diversas películas, videojuegos y series de televisión han llevado al mundo esta utopía de generosidad y compañerismo.

De Yoshi a Raptor Red

463 Super Mario Bros (1993)

Nos estábamos olvidando de Yoshi, el amigo de Mario, y uno de los dinosaurios más queridos de los videojuegos. Y si hablamos de Mario, tenemos que referirnos a su película de 1993, en la que descubrimos que el meteorito que mató a la mayoría de los dinosaurios envió a otros a un mundo paralelo en el que evolucionaron hasta desarrollar su propia civilización, gobernada por el despótico Rey Koopa, descendiente de Tiranosaurios. Fue la primera película que adaptaba un videojuego.

Tricerátops

Tiranosaurios

464 El Tiranosaurio más famoso

En 1993 los dinosaurios estaban de moda. *Rex, un dinosaurio en Nueva York* es una película de dibujos animados que nos muestra al grupo de Rex el TIRANOSAURIO, Woog el TRICERÁTOPS, Elsa la PTERODÁCTILO y Dweeb el SAUROLOPHUS. Un científico del futuro los vuelve inteligentes, elimina sus instintos violentos y les transporta al presente para que conozcan a sus mejores fans: los niños.

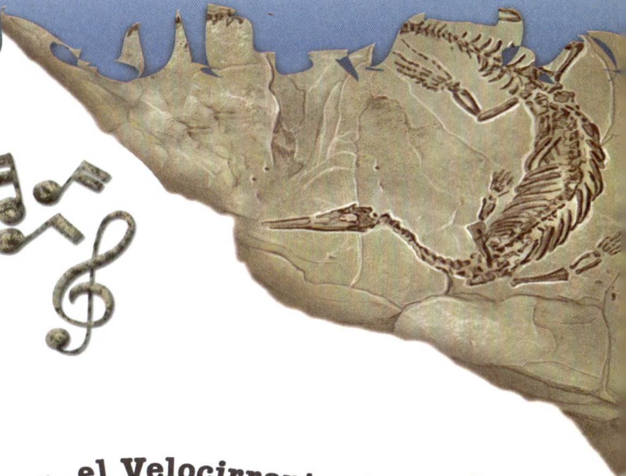

465 Canciones con dinos

También hay canciones dedicadas a los dinosaurios: el genial cómico «WEIRD» Al Yankovic escribió en 1993 un tema similar al clásico «MACARTHUR PARK», pero en el que Ian Malcolm escapaba de los depredadores de *Jurassic Park*; *Thrak*, de la banda de rock progresivo King Crimson, contiene un tema titulado «DINOSAUR», el mismo nombre de la banda a la que David Byrne perteneció antes de formar parte de la mítica Duran Duran.

466 Álex, el Velocirraptor boxeador

En el videojuego de lucha *Tekken 2* (1995) **pudimos conocer al único** VELOCIRRAPTOR **boxeador que existe:** Álex, un dinosaurio revivido por el doctor Boskonovitch. El pobre Álex siempre lleva puestos sus guantes de boxeo, lo que hace que pierda cada vez que juega a piedra-papel-tijera, porque sólo puede hacer «piedra». **Inténtalo tú y ya verás...**

467 Raptor Red (1995)

Raptor Red es la novela más original de este capítulo: porque, a ver, **¿cuántas historias conoces en las que el protagonista sea un Velocirraptor que nos cuenta su vida?** La novela está muy bien documentada por su autor, el gran paleontólogo Robert Bakker. **(Fíjate en el número 374).**

Velocirraptor

468 El mundo perdido (novela 1995, película 1997)

El título de la segunda parte de *Parque Jurásico* (*El mundo perdido*) **es un claro homenaje a la novela de Arthur Conan Doyle de 1912.** La última imagen de la película nos muestra el vuelo de un PTERANODÓN... Precisamente el animal que se acaban llevando a la civilización los protagonistas de *El mundo perdido* de 1912.

Pteranodón

Tiranosaurio

469 Corregir es de sabios

Mientras Michael Crichton escribía su primer *Parque Jurásico*, se creyó que los Terópodos como el TIRANOSAURIO no veían algo si no se movían. En 1995 ésa era ya una teoría descartada, y el Rex de *El mundo perdido* ve tan bien a las presas quietas como a las que se mueven, aunque a algunos de los personajes no les han informado del hecho y creen que quedarse quietos delante de un Tiranosaurio es una buena idea.

470 Errores jurásicos (1995)

Michael Crichton tiene mucha imaginación: según **EL MUNDO PERDIDO**, el **CARNOTAURO** tenía la capacidad de cambiar de color para camuflarse con su entorno. Como un camaleón, pero de 1.600 kilos.

471 Theodore Rex (1995)

Una película bien distinta a ***Parque Jurásico*** **es** *Theodore Rex*. En un mundo en el que conviven auténticos humanos y dinosaurios con cuerpo humanoide (como los de la serie *Dinosaurios*), una detective investiga un dinocidio: el asesinato de un ciudadano dinosaurio. Necesitará la ayuda de Ted, un Rex que pasaba por allí y que pudo ser testigo de la escena del crimen.

Carnotauros

472 Entre dinosaurios (1996)

A veces hay títulos que varían desde el original inglés hasta el nombre con el que se publica en nuestro país: pero que *The dechronization of Sam Magruder* (algo así como «La descronificación de Sam Magruder») haya acabado siendo *Entre dinosaurios* llama la atención. Perdido en el tiempo, Sam deberá acostumbrarse a vivir entre los mayores reptiles del planeta, porque nadie va a ir a buscarle... nunca.

1996-1999: carnívoros extremos

Velocirraptor

473 Transformers: *Beast Wars* (1996-1999)

En la moderna serie *Beast Wars*, en la que los Transformers aterrizan en la Tierra prehistórica, la forma reptiloide de Grimlock (aquí Dinobot) es la de un VELOCIRRAPTOR. Otros robots se pasan al modo dinosáurico, y así tenemos a Megatron (un TIRANOSAURIO) y Terrorsaur (un PTERODÁCTILO), dos de los seres atrapados hace 70 millones de años.

474 Juguetes dinos

Claros herederos de las Tortugas Ninja, los dibujos animados de *Extreme Dinosaurs* fueron también una línea de juguetes que apareció a finales de los años 90. Eran cinco héroes de barrio con cabeza de dinosaurio: T-REX, TRICERÁTOPS, ESTEGOSAURIO, ANQUILOSAURIO y un PTERANODÓN, casi igual que la Dinoforce de los Transformers. Se enfrentaban a un grupo de ruines DROMEOSÁURIDOS que pretendían acelerar el calentamiento global.

Tiranosaurio

Estiracosaurio

475 El mayor pez carnívoro (1997)

No era un dinosaurio y apareció hace sólo 16 millones de años, pero no podíamos dejar de hablar del mayor pez carnívoro de toda la historia: el CARCHARODÓN MEGALODÓN, un inmenso tiburón de 16 metros **(tan largo como cuatro coches)** cariñosamente llamado Meg por el escritor Steve Alten.

476 El pez perfecto

Los TIBURONES son todo un caso dentro de la historia de la evolución: algunos dicen que son el pez perfecto, porque no han evolucionado desde hace 65 millones de años, y entre sus prodigiosas características está su sistema detector de los campos eléctricos de los seres vivos que pasan cerca de ellos, o su inmunidad al cáncer.

Dimetrodontes

477 Carnivores (1998)

Este videojuego nos pone en la piel de un cazador de dinosaurios clonados en una especie de *Parque Jurásico.* Uno de los errores del juego es que llama EDAFOSAURIO, VELOCIRRAPTOR y CHASMOSAURIO a lo que en realidad son DIMETRODONTES, UTAHRAPTORES y TRICERÁTOPS.

Caminando como dinosaurios

478 *Carnivores 2* (1999)

La segunda parte de *Carnivores* añade algunas especies y la posibilidad de elegir si queremos cazar de día, de noche o al amanecer, aunque eso no cambia nada de cara a los dinosaurios. Esto no es nada exacto: **como todos los animales, los dinosaurios tenían sus horas de caza y sus horas de descanso, y no podías encontrarles vagando por ahí cuando tenían sueño...**

Tiranosaurio

Ovirraptores

479 *Savage Quest* (1999)

Hay muchos videojuegos con dinosaurios, pero casi siempre son los malos de la historia. Uno de los videojuegos más originales, para máquinas recreativas, es *Savage Quest*: el héroe es un T-REX al que debes guiar para recuperar los huevos que han robado de su nido unos VELOCIRRAPTORES. Otro juego parecido es *Warpath*, de la serie *Parque Jurásico*, que nos pone en la piel de uno de los dinosaurios del parque.

Velocirraptores

480 Dinosaur Summer (1999)

Una de las grandes inspiraciones de todas las historias de dinosaurios fue ***EL MUNDO PERDIDO*** de Arthur Conan Doyle. En ***DINOSAUR SUMMER*** (*Verano de dinosaurios*), el escritor Greg Bear vuelve al mundo de la novela de Doyle 50 años después: devolver los dinos de un circo al Mundo Perdido de Challenger, junto a dos directores de cine que quieren rodar una película sobre ello, será algo mucho más peligroso de lo que al principio parece.

481 Efectos especiales

Desde las innovaciones de *Parque Jurásico*, **los efectos especiales por ordenador han conseguido que podamos ver dinosaurios muy reales.** La cadena BBC lo aprovechó para hacer la serie documental definitiva sobre estos animales: *Caminando entre dinosaurios* está tan bien hecha que te crees de verdad que las cámaras están ahí, en el Mesozoico, grabando a los reptiles más grandes del planeta.

Tiranosaurios

Dinos para el siglo XXI

482 Dinosaurio (2000)

El protagonista de la película de DISNEY *Dinosaurio* **es un** IGUANODÓN **hecho por ordenador.** Pero a pesar de estar muy bien hecha, también tiene sus errores: los Iguanodontes tienen pico, pero en la película tienen labios. **Cosas de la animación...**

483 Dinosaur Wars (2000)

Teniendo en cuenta los últimos hallazgos de los paleontólogos, esta novela cuenta cómo una raza de humanoides regresa a la Tierra con un ejército de TIRANOSAURIOS y MEGARRAPTORES para recuperar el planeta que los humanos les robaron. Una idea similar a la del cómic *Dinowars: la guerra jurásica de los mundos* (2007), de Rod Espinosa.

Iguanodontes

484 Mezclar un Apatosaurio y un geranio

Suena extraño, ¿verdad? Pero hay POKÉMON **para todos los gustos y Meganium es uno de los más curiosos de la serie creada por Satoshi Sajiri.** En el año 2000 apareció por primera vez Meganium, un Pokémon de 2 metros con forma de APATOSAURIO verde y una enorme flor rosada alrededor del cuello, que emite una fragancia calmante.

485 Rampard el paquicefalosaurio

Otros Pokémon se parecen directamente a un dinosaurio muy concreto: es el caso de Rampard, que es casi igual que un PAQUICEFALOSAURIO. Trideps, Aggron, Groudon, Aerodactyl y Tyranitar son también Pokémon inspirados en dinosaurios.

486 *Parque Jurásico III* (2001)

El clásico logotipo de *Parque Jurásico* **ha cambiado con el tiempo:** el fósil que aparece en el emblema de la tercera parte de la serie no es ya un TIRANOSAURIO, sino un ESPINOSAURIO. Y en la introducción del programa de televisión El Chat del VELOCIRRAPTOR, el presentador acababa fosilizado en la misma postura. **¡Roargh!**

Pasado, presente y futuro

487 Un perfil novedoso

En la película *Parque Jurásico III* **un paleontólogo pregunta a su alumno qué animal cree que es el** ESPINOSAURIO: el joven opina que puede ser un SUCHOMIMUS o un BARYONYX (por el largo morro del reptil). Se trata de una broma para los fans de la serie, que cuando vieron el cartel por primera vez confundieron al Espinosaurio.

Suchomimus

Braquiosaurio

Baryonyx

488 Invitado de los tres Parques

El PARASAUROLOPHUS **aparece en las tres películas de** *Parque Jurásico*. En la primera, se ve un rebaño de ellos junto al lago durante la escena del BRAQUIOSAURIO. En *El mundo perdido*, es uno de los dinosaurios que la compañía InGen intenta capturar. Y en la tercera parte, los humanos protagonistas se meten entre un rebaño de Parasaurolophus y CORITOSAURIOS para escapar de un VELOCIRRAPTOR.

489 Dinos mutantes

Coritosaurio

La 27ª serie con las aventuras de los POWER RANGERS comienza con la amenaza de Mesogog y sus dinosaurios mutantes extraterrestres. Para defender la Tierra de sus ataques, los Rangers van a buscar las Dino Gemas, que activan a Tyrannozord, Tricerazord, Dragozord, Pterazord y... sí, Braquiozord. El Ranger rojo, además, se puede convertir en el Ranger Triásico: algo curioso, ya que ninguno de los dinosaurios del grupo existió antes del Jurásico.

Parasaurolophus

490 Viaje en el tiempo

Michael Swanwick escribió una original novela, *Atrapados en la prehistoria* (2002), que comienza con un paleontólogo que recibe un recipiente con una cabeza de **ESTEGOSAURIO... ¡recién cortada!** A partir de ahí, se suceden muchos viajes en el tiempo, hacia el pasado y hacia el futuro, donde viven los herederos voladores del planeta.

2003 - 2005: amigos y enemigos

491 Dinos Marvel Old Lace (2003)

Decimos adiós al universo Marvel con un superhéroe DEINONYCHUS: Old Lace («encaje de bolillos») tiene poderes telepáticos a causa de la ingeniería genética, y un gran cariño por su compañera Gertrude. Nació en la serie *Runaways*, de la mano de Brian Vaughan y Adrian Alphona.

492 Los primeros dinosaurios

Caminando entre monstruos (*Walking with monsters*, 2005) formaba parte de una miniserie documental británica sobre **la época de los dinosaurios**.

493 El imperio del fuego (2002)

Según la película ***EL IMPERIO DEL FUEGO***, los dragones fueron responsables de la extinción de los dinosaurios, cuando hace 65 millones de años calcinaron el planeta y se alimentaron de sus cenizas, lo que dejó a los pobres dinos que sobrevivieron a su ataque sin comida. **¿Quién necesita un meteorito, teniendo dragones?**

Apatosaurio

494 Juegos de rol

El mundo del juego de rol *Dragones y Mazmorras* **se llama Eberron, y en él hay sitios en los que todavía habitan los dinosaurios** (e incluso sirven de montura a los halflings, seres parecidos a los HOBBITS de Tolkien). A diferencia de otras historias en las que los dinos están ahí sin más, en este caso hay una razón: en Eberrón nunca hubo una Edad de Hielo.

Velocirraptores

495 Las aventuras de Harry

Ian Whybrow y Adrian Reynolds son los creadores de *Harry y su cubo lleno de dinosaurios* (2005), **un niño de 5 años con un cubo repleto de dinosaurios de plástico.** En cada una de sus aventuras (existentes como cuentos y en una serie de dibujos animados), Harry juega con uno de sus dinosaurios, aprende cosas de él y vive aventuras en el mundo imaginario de DinoWorld, en el que sus dinos son reales y enormes.

Paquicefalosaurio

496 Vaqueros y reptiles

En 2005, el guionista Jim Ottaviani y Big Time Attic publicaron una novela gráfica cuyo título significa *Afilados huesos, vaqueros y reptiles del trueno* (o sea, BRONTOSAURIOS). Su argumento explica, con mucha fidelidad, la historia de «LA GUERRA DE LOS HUESOS» que enfrentó a Othniel Marsh y Edward Cope. Recuerda esta historia en el número 364.

Los últimos en llegar

497 Videojuegos: el siglo XXI

Con el nuevo siglo se introdujeron novedades en los videojuegos de dinosaurios. Ahora podemos hacer de paleontólogos y desenterrar fósiles en los juegos *Animal Crossing*, *Spectrobes* o *Fósil League: Dino Tournament Championship*. El primer juego de este tipo fue *I can be a Dinosaur Finder*, de 1997.

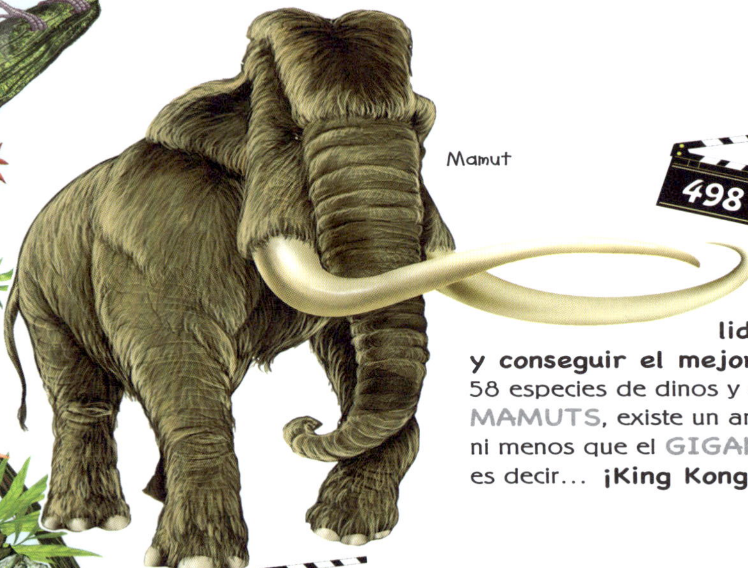

Mamut

498 Ejército de dinos

Para acabar con los videojuegos, os presentamos la estrategia de *Paraworld*, **en la que hay que liderar a una tribu de otra dimensión y conseguir el mejor ejército de dinosaurios.** Además de 58 especies de dinos y otros animales prehistóricos como los MAMUTS, existe un animal secreto que te traerá recuerdos: ni más ni menos que el GIGANTOPITHECUS, es decir... **¡King Kong!**

499 Los museos por la noche

¿Qué pasa en un museo cuando se van los visitantes? En la película *Noche en el museo* (2006, 2009 y 2014), nos contaban que todos los animales del museo cobran vida propia y dan vueltas por las instalaciones.

La más alucinante de las criaturas de este filme es el juguetón esqueleto de TIRANOSAURIO.

Tiranosaurio rex

500 Los dinos como mascotas

Otra película que ha dado un papel importante a los dinos es la producción de DISNEY, *Descubriendo a los Robinsons* (*2007*). En el futuro, nos cuentan, los TIRANOSAURIOS pueden ser buenas mascotas, fieles amigos y feroces «perros» guardianes.

Espinosaurio

501 Jurassic World 2015

En 2015, se estrenó **Jurassic World** (la cuarta parte de Parque Jurásico), y batió todos los récords de taquilla. Las películas sobre dinosaurios siguen teniendo éxito entre el público y lo seguirán teniendo siempre; lo único que cambiará será la técnica utilizada para realizar la película, los protagonistas o las últimas investigaciones de los paleontólogos.

Dimorphodontes

ÍNDICES ZOOLÓGICO Y DE PERSONALIDADES

ÍNDICE ZOOLÓGICO

(Los números corresponden a las curiosidades)

ÍNDICE DE PERSONALIDADES

(Los números corresponden a las curiosidades)

Eddy